AI로 기획서 쓰기

AI문고

인공지능 시대입니다. 기계가 인간의 인지를 대신하고, 사물이 인간을 통하지 않고 다른 사물과 직접 커뮤니케이션합니다. 이에 따른 인간 삶과 문명 변화를 정확히 이해 · 예측 · 대응하는 것은 이 시대 우리 모두의 과제입니다. AI문고는 인공지능 기술과 환경의 여러 주제를 10가지 키워드로 정리합니다. 관련 개념과 이론, 학계와 산업계의 쟁점, 우리 일상의 변화를 다룹니다. 인간과 기술의 현재, 미래를 세심히 분석합니다.

일러두기

- 인명, 작품명, 저서명, 개념어 등은 한글과 함께 괄호 안에 해당 국가의 원어를 병기했습니다.
- 외래어 표기는 현행 어문규정의 외래어표기법을 따랐습니다.
- 자료 정리, 사고 확장, 구조 점검 등 집필 과정의 보조 수단으로 생성형 AI를 제한적으로 활용하였으며 모든 핵심 내용의 기획·해석·문장화는 저자의 사유와 연구를 기반으로 직접 수행했습니다.

처음이세요?
전문가세요?

지금, 큐알 찍으면
AI 입문서 바로 선물
당신만의 필독서 추천
500권 요약본 공짜
오디오북 무료 사용

AI로 기획서 쓰기

윤영돈

대한민국, 서울, 커뮤니케이션북스, 2026

AI로 기획서 쓰기

지은이 윤영돈
펴낸이 박영률

초판 1쇄 펴낸날 2026년 3월 6일

커뮤니케이션북스(주)
출판 등록 2007년 8월 17일 제313-2007-000166호
02880 서울시 성북구 성북로 5-11
전화(02) 7474 001, 팩스(02) 736 5047
commbooks@commbooks.com
www.commbooks.com

ISBN 979-11-430-1987-5 03500

책값은 뒤표지에 표시되어 있습니다.

차례

AI 에이전트와 함께 쓰는 기획서 여정

AI 에이전트와 기획서의 진화

기획서(Planning Document)란 특정 활동을 추진하기 위해 목표와 전략, 실행 방안을 정리하여 의사 결정하는 문서다. 막상 기획서를 쓰려면 무엇보다 써야 할지 막막하다.

옛날에는 구글이나 네이버 검색으로 자료를 모았다면, 요즘은 생성형 AI(Generative Artificial Intelligence)로 정보를 탐색하고 있다. 생성형 AI가 텍스트, 이미지, 오디오, 영상 등 다양한 형태의 콘텐츠를 만드는 능력에 초점을 맞췄다면 AI 에이전트는 자율적 추론과 의사 결정까지 가능한 도구다. AI 에이전트가 중심이 되는 시대에 기획을 어떻게 해야 하는가?

기획을 할 때 에드워드 데밍 박사가 개발한 'PDCA Cycle'이 가장 많이 쓰인다. 'PDCA Cycle'이란 계획(Plan), 실행(Do), 검토(Check), 개선(Action)을 말한다. '계획(Plan)'에는 목표를 달성하기 위해 무엇을, 누가, 언제까지, 어떻게, 실행하는가가 한눈에 보여야 한다. 계획이 완성되면 '실행(Do)'으로 넘어가고, 실행 후 '목적을 달성했다'는 판단이 가능하도록 명확하게 확인한다. '검토(Check)'란 프로젝트 진행에서 사람, 물건, 비용 등이 잘 돌아가는지 확인하는 것이다. 만약 문제가 있다면 '개선(Action)'을 통해 중요한 일에 시간을 더욱 투자하는 반면 중요도가 적은 일은 효율적인 방법을 생각해야 하며, 중요하지 않은 것은 그만둬야 한다. 생성형 AI가 기획 문장을 잘 쓰는 도구라면 AI 에이전트는 PDCA 전체를 굴리는 기획 운영 시스템이다.

AI 에이전트의 시대가 왔다

AI 챗봇의 시대가 지나고 AI 에이전트의 시대가 왔다. AI 에이전트(AI agent)란 사용자가 설정한 목표를 달성하기 위해 스스로 계획하고 행동할 수 있는 자율적인 AI를 말한다. 프롬프트를 입력해 질문을 하면 답변을 받을 수 있는 기본 LLM(거대 언어 모델)에서 한층 고도화된 시스템이다. AI 에이전트로 빠르게 자료를 정리하고, 설득력 있는 구조를 제시하며, 표현을 다듬어 부담을 줄일 수 있다. 심지어 'GPT 킬러'가 나와서 표절을 잡아낸다. 이제 AI 에이전트로 하더라도 어떻게 마무리하느냐에 따라서 통과 되느냐 안 되느냐가 결정된다.

AI 에이전트와 함께 전략적 기획 여정

기획서 작성은 단번에 완성되는 것이 아니다. 기획서에 AI 에이전트를 활용할 경우 회사 기획서 양식을 미리 알려주면 훨씬 더 정확한 초안이 나온다. 여러 단계를 거치며 점점 다듬어져 간다. 기획서에 쓸 자료가 필요할 때 구글을 검색했지만 요즘은 퍼플렉시티 AI(Perplexity.ai)로 몇 분 내에 폭넓게 확보할 수 있다. 젠스파크 AI(genspark.ai)는 엑셀 작업, 파워포인트 슬라이드, 전화걸기, 영상 제작, 웹사이트 구축, 앱까지 한 공간에서 만들고 자동화하는 확장된 서비스다. 냅킨 AI(Napkin.ai)를 활용하면 텍스트 입력만으로 다이어그램, 인포그래픽 등 시각적 콘텐츠를 쉽게 만들 수 있다. 챗 GPT나 클로드(Claude)로 초안 문장을 작성할 수 있다. 뤼튼(Wrtn)은 한국어 생성형 AI로 기획 초안 작성에 특화되어 있다.

이 책은 AI 에이전트를 활용하여 효율적이고 체계적인 기획서 작성 방법론을 제시하는 것을 목표로 한다. 실제 현장에서 바로 적용할 수 있는 기획서 작성을 위한 시장 조사, 환경 분석, SWOT 분석 등의 작업을 신속하게 처리할 수 있도록 제시한다. 이러한 변화는 기획서 작성의 효율성을 높이는 것은 물론 문장이나 구성의 예시 활용(Use examples)에서도 기여할 수 있다.

기존 기획서 작성 방식의 한계와 AI 에이전트의 필요성

기획서 작성 방식은 자료 조사를 통한 정량적 근거와 의사 결정을 하는 정성적 판단, 두 가지로 나뉜다. 기업에서는 업무뿐만 아니라 인프라 전반에서 AX 조직으로 전환하고 있다. 단순 AI 활용 기술을 조직에 도입하는 수준을 넘어 AI가 조직의 핵심 동력으로 쓰이고 있다. AI 에이전트 시대, 기획서는 혼자서 쓰는 게 아니다. 이제 AI 에이전트를 활용해서 협력하는 파트너십이 중요해지고 있다. 단순히 문서 템플릿을 넘어 고객 요구에 맞춘 맞춤형 초안 생성이 가능해졌다.

이 책의 주요 구성

이 책은 AI 에이전트를 활용하여 효율적이고 간결한 기획서를 작성하는 방법을 체계적으로 제시하고자 한다. 기획서의 핵심 요소를 10가지 주제로 구성하였으며, 각 주제는 AI 에이전트를 통해 보다 정교하고 효과적으로 개발될 수 있는 방안을 중심으로 서술하였다.

첫째, 기획서 준비 과정은 발상, 구상, 작성의 세 단계를 거쳐 완성된다. 기획은 '무엇을 할 것인가'를 정하는 단계이고 계획은 '어떻게 할 것인가'를 세우는 단계다.

둘째, 문제 분석은 핵심 이슈를 좁히고 문제를 나누고 쪼개서 문제점을 도출하는 방법을 고찰한다. 현상 뒤에 숨어 있는 원인을 찾고 배경까지 살피는 과정이다.

셋째, 콘셉트는 짧은 문장에서 시작한다. 이 기획이 말하고자 하는 바를 한 문장으로 요약한 것이다. 머리를 짜내 차별화된 문장을 도출해서 콘셉트를 잡는 과정이다.

넷째, 자료 조사는 방대한 데이터 속에서 핵심 정보만 뽑아내는 것으로, 단순히 자료를 모으는 데 그치지 않고 의미 있는 정보로 재구성하는 방법을 다룬다.

다섯째, 논리적 목차 구성은 기획서의 흐름을 잡고 목차 초안을 잡아 논리적으로 다듬어가면서 짜임새 있게 만든다.

여섯째, 기획서의 타당성은 현재 상태를 파악하고 그 원인을 분석하고 외부 환경과 시장 변화까지 조사하는 방법을 제시한다.

일곱째, 해결책 제안은 아이디어를 확장하면서 실행 가능한 수준으로 구체화한 해결안을 도출한다.

여덟째, 계획 수립은 구체적인 일정, 역할 분담, 자원 배분 등 기획서의 내용이 현실에서 바로 실행이 될 때 가능하다.

아홉째, 기획서의 문장은 교정, 교열, 윤문으로 문장의 흐름과 표현이 다듬어져야 설득력이 높아진다.

마지막으로 1페이지 기획서는 장황하게 설명한 내용을 핵심만 담긴 1장으로 완성하고 요약문과 함께 명확하게 제시하면 결재자에게 사인을 받을 가능성이 높아진다.

이런 10가지 주제는 각각 독립적인 내용을 담고 있으면서 유기적으로 연결되어 있어 기획서 작성의 모든 과정을 종합적이고 전략적으로 수행할 수 있도록 설계되었다.

이 책의 기대 효과

기획서는 여전히 직장인의 실무에서 중요한 문서이지만, 작성 방식은 점점 달라지고 있다. 옛날에는 기획서를 작성하기 위해서 인터넷 검색을 많이 했다면 이제는 AI 에이전트로 기획서 초안을 잡는 시대가 되고 있다. 검색보다 똑똑하고 빠른 AI 에이전트를 통해 기획의 부담을 덜고, 실제로 바로 쓸 수 있는 문서를 만드는 여정을 안내한다. 한번 배워 두면 평생 무기가 되는 기획서 작성법, 아이디어 확산에서 기획서 실전 스킬까지 어떻게 초안을 잡고, 자료를 수집하고, 문장을 다듬어야 하는지 구체적인 예시를 보여 준다.

손으로 생각하기

기획서를 작성하기 위해서는 자신의 생각을 손으로 정리하는 것이 중요하다. AI 에이전트를 활용하기 전에 종이에 자신의 생각을 쓸 필요가 있다는 것을 기억하자. 아인슈타인은 만년필과 종이, 휴지통 이 세 가지만 있으면 어디든지 연구실이라 할 정도로 아주 작은 아이디어까지 메모하는 습관을 가졌다. 다산 정약용 선생은 18년의 유배 생활에서 600여 권의 저술을 완성했다. 다산 선생이 자주 쓰던 둔필승총(鈍筆勝聰)이라는 사자성어는 '무딘 붓이 더 총명하다'는 뜻이다. 서툰 글씨라도 기록하는 것이 기억보다 낫다는 말로 메모의 중요성을 강조하고 있다. 타자기보다 손으로 글을 쓰면 두뇌에 더 좋다. 뇌가 자극을 받아 전두엽이 활성화된다는 것은 많이 알려진 사실이다. 메모는 자신의 생각을 터뜨리는 작업이자 타인에게 자신의 생각을 알리는 미디어이기 때문이다. 메모는 아이디어의 보물 창고로, 바로 이런 착상 과정을 고스란히 볼 수 있다.

기획서는 형태를 만든 것이다

기획서는 정해진 형식(Format)이 없다. 비즈니스 문서는 크게 정형 문서(보고서, 계획서 등)와 비정형 문서(기획서, 제안서 등)로 나누는데, 기획서는 형식이 없는 비정형 문서에 포함된다. 기획에는 여러 가지 종류와 유형이 있으며, 각각의 목적과 초점은 다르다.

노트북(Notebook) LM은 자료를 넣으면 보고서로 만들어 준다. 업로드한 문서를 기반으로 질의응답이 가능해 답변의 신뢰도가 높다. AI의 응답은 해당 문서 내 출처와 함께 제시돼 환각 현상이 비교적 덜 일어난다. 구글 드라이브와 연동돼 구글의 다양한 문서를 자동으로 연결할 수 있다. 어려운 외국어 논문도 쉽게 한국어 팟캐스트로 변환해 들을 수 있다. 제미나이(Gemini)는 구글 독스 · 시트에서 바로 사용할 수 있다. 구글 생태계에 특화된 AI로 지메일, 구글 드라이브 등 구글 생태계와 연동되어 있어 쉽게 접근하고, 사용할 수 있다. 텍스트 · 이미지 · 비디오 등 다양한 데이터를 이해하고 만들 수 있는 멀티모달 기능을 기반으로 한다. 기획서는 단순히 아이디어 차원이 아니다. 실행과 피드백으로 이어지며 끊임없이 점검해야 한다. 이 책을 읽다 보면 더 이상 기획서가 어렵고 복잡한 과제가 아니라고 느낄 것이다. AI 에이전트와 함께 기획서가 구체화하는 여정이 재미있기를 바란다.

참고문헌

니시다 도오루(2006). 《기획·제안서 작성 기술 200 무작정 따라하기》. 김혜숙 옮김. 길벗.

윤영돈(2008). 《한 번에 OK 사인 받는 기획서·제안서 쓰기》. 랜덤하우스코리아.

윤영돈(2021). 《기획서 마스터》. 예문.

Deming, W. E.(1986). *Out of the Crisis*. MIT Press.

Drucker, P. F.(1974). *Management: Tasks, Responsibilities, Practices*. Harper & Row.

01
AI 에이전트로 기획서 준비하기

이제 AI가 단지 도구가 아니라 파트너가 되고 있으며 인터넷 검색보다 생성형 AI를 더 많이 쓰는 시대, 정보 수집 방식의 변화는 기획의 출발점을 바꾸고 있다. 폭발적으로 확산되는 아이디어를 선별해 구조화하고 문서로 전환하는 능력이 핵심이 되었다. 기획서는 발상, 구상, 작성의 세 단계를 거쳐 완성된다. 스마트하게 생성하는 기획의 원리를 다룬다.

기후 위기와 인공지능?

기획서란 무엇인가?

기획서를 쓰는 방식은 급격히 변화하고 있다. 과거에는 기획서를 잘 쓰려면 먼저 관련 자료를 직접 찾고, 비슷한 사례를 탐색하고, 동료나 전문가의 의견을 들으며 머릿속에 흐름을 잡아야 했다.

기획서란 설계도다. 기획(企劃)이란 문자 그대로 생각하는 바(企)를 그리는(劃) 일이다. 기(企)에서 人(사람 인)은 사람, 止(발 지)는 발뒤꿈치를 뜻하는 상형문자다. 기획은 사람이 발뒤꿈치를 들고 생각하는 것을 그리는 것을 뜻한다. 즉, 기획이란 현재에 만족하지 않고 새로운 가치를 발현하는 과정이다.

기획과 계획의 차이

기획(企劃)은 '무엇을 할 것인가(what to do)'를 정하는 단계이고, 계획(計劃)은 '어떻게 할 것인가(how to do)'를 세우는 단계다. 다시 말해, 기획은 방향과 목표를 잡는 일이자 전략적 초안이고, 계획은 그 초안을 실제 행동으로 옮기기 위한 구체적 방법이다. 기획은 앞단에서 큰 그림을 그리는 것이라면, 계획은 주어진 자원(Time, Cost, People)을 배분하고 활용해서 실행하는 것이다.

기획의 첫걸음은 문제 정의에서 시작한다. 단지 검색

을 잘 해서 자료가 많다고 기획이 되는 것이 아니다. 기획은 문제를 어떻게 정의할 것인가가 중요하다. 단지 사전적 정의가 아니라 기획자의 언어로 재정의가 필요하다. 단순히 자료가 많으면 데이터북이 될 가능성이 많다. 데이터북은 AI로 쉽게 만들어질 수 있다. 기획자의 감각이 그래서 중요해지는 시대다.

기획서는 '쓰는 것'이 아니라 '세우는 것'

쉽게 이야기하자면 기획서 작성은 '레고 블록을 쌓는 것'과 같다. 작은 육면체 하나로 실로 다양한 모양으로 쌓을 수 있다. 아귀 맞는 블록을 구하고 차곡차곡 끼워가며 큰 그림을 그려가는 것이다. 보통 초보자의 경우 블록을 위로만 쌓지만 필요에 따라서 블록을 옆으로, 때로는 아래로도 조립할 수 있어야 좀 더 유려한 모양이 나온다. 기획이 무너지지 않기 위해서는 벽돌 하나라도 빈틈이 있어서는 안 된다. 단 하나의 벽돌이라도 빈틈이 생기면 신뢰성은 한 번에 무너질 수 있음을 깨달아야 한다. 기획서란 '쓰는 것(writing)'이 아니라 '세우는 것(building)'이다. 톱다운(top-down) 방식의 내려 쓰기가 아니라 보텀업(bottom-up) 방식의 올려 쓰기 즉, 벽돌을 쌓듯이 논리를 하나하나 맞춰서 작성하기가 중요하다. 공들여 만든 탑은 무너지지 않는다. 처음부터 대충 시작하지 말라는 뜻이다. 자료 검토 및 현황 분석, 원인, 배경 등을 통해서 전체를 파악한 후에 방향을 잡아야 기획이 흔들림이 없이 제대로 작성될 수 있다.

기획의 3단계

기획이란 생각의 확산과 수렴으로 만들어진다. 기획의 본질은 '확산적 사고'와 '수렴적 사고'의 줄다리기다. 확산(擴散)은 아이디어를 폭넓게 펼쳐보는 것이라면 수렴(收斂)은 그것들 중에 의미 있는 것을 선택하는 것이다. 이것이 바로 기획의 두 축이다.

AI 에이전트도 질문에 따라 폭발적인 확산을 제공할 수도 있고, 반대로 엉터리 내용만 있을 수도 있다.

발터 베냐민은 상세하게 3가지로 나눈다. "좋은 글을 쓰기 위해서는 세 단계를 거쳐야 한다. 영감을 얻고 글을 구성하는 음악의 단계, 글을 짓는 건축의 단계, 마지막으로 세부를 엮는 직조의 단계가 그것이다."

1단계는 확산적 발상(Ideation)

"무엇을 써야 할지 모르겠어요."

1단계는 마음을 열고 영감을 얻는 것이다.

기획 1단계는 최대한 많은 자료와 많은 사람들을 만날수록 좋을 수 있다. 하지만 제한된 시간과 예산 때문에 적정한 수준에서 빨리 기획 2단계로 넘어가야 한다.

2단계는 논리적 구상(Structuring)

"어떻게 구성해야 할지 감이 안 와요."

2단계는 건축의 설계도를 그리는 것이다.

건축의 설계도를 잘 그리지 못하면 결국 기획서가 나오기 어렵다. 깨어 있어야 보인다. 미세한 변화를 살필 줄 아는 안목이 결국 설계도를 다르게 만든다. 배경, 문제 상황, 대상, 현황 변화, 주요 트렌드, 이해관계자, 실행 전략 등을 꼼꼼하게 살펴봐야 한다.

3단계는 섬세한 작성(Writing)

"어떻게 문장으로 담아야 할지 모르겠어요."

3단계는 현실과 이상, 직조하는 문장을 엮어야 한다.

기획의 3단계는 사고의 흐름을 분명하게 잡아준다. 한꺼번에 쓰려고 하면 오히려 흐름을 놓칠 수 있다. 기획서는 단순히 자동화로 완성될 수 없다. 기획자가 명확히 모르는 상태라면 오히려 미궁에 빠질 수 있다. AI가 자동으로 해줄 것이라는 착각을 버려야 한다.

질문이 곧 기획의 품질이 된다

기획은 왜(Why)에서 시작한다. "이 기획을 왜 해야 하는가?" 근본적인 질문이 없으면 실행하기 어렵다. "이 기획에서 달성하고자 하는 것은 무엇(What)인가?" 어디로 가야 하는지 모르면 중간에 헤맬 수밖에 없다. "기획이 어떻게(How) 실행될 것인가?" 어디인지 알아도 실행하지 않으면 가만히 있을 뿐이다. 질문의 수준이 기획의 깊이를 결정한다. 뻔한 질문은 뻔한 답변을 부를 뿐이다. 질문이 날카로울수록 기획의 초점은 점점 또렷해진다. 추상적인 질문보다 구체적인 질문이 좋다. 닫힌 질문보다 열린 질문이 답변을 풍부하게 만든다.

여행을 기획할 때 '왜 여행을 가는가?(why?)'부터 '무엇을 할 것인가?(what?)', '어디로 갈 것인가?(where?)' 목적지를 정하고 '어떻게 갈 것인가?(how?)'를 생각한다. 가고자 하는 목적지가 분명하고 마음을 설레게 하는 곳일수록 추억에 남을 가능성이 높다. 기획서를 작성하는 것도 마찬가지다. 기획서에 가슴을 설레게 하는 비전(vision)과 미션(Mission)이 없으면 도달해야 할 목적지와 열정이 없다는 뜻이다. 기획서는 자신의 이익보다 다른 사람의 이익을 먼저 챙겨주는 것이 키포인트(key-point)다.

전략 기획 VS 운영 기획

기획은 '아직 일어나지 않은 일을 구현시키는 과정'이다. 기획은 곧 현재 진행형인 계획(planning)이다. 세상의 기회는 단 한 번 주어진다. 그 기회를 읽어 내고 한 번에 마음을 훔쳐야 하는 방법이 바로 기획서를 쓰는 이유다. 기획 단계에서 가장 유념해야 할 것은 전략 기획(Strategic Planning)과 운영 기획(Operational Planning) 등이다.

전략 기획은 판단의 나침반이며, 운영 기획은 그 나침반을 따라 움직이는 엔진과 같다. 기획은 전략적 아이디어를 구현하는 과정이다. 단순히 아이디어 발상법이 아니다. 실제로 구현되지 않으면 소용없는 것이다. 중요한 기획서는 무작정 쓰는 것이 아니라 전략 기획이 된 후에야 작성할 수 있다. 어떻게 하면 상대방을 설득시킬 것인가가 아니라 상대방이 원하는 것을 줄 수 있을까를 고민해야 한다.

기획서의 승부는 방향성에 의해 좌우된다. 핵심 가치(Core values)를 설정할 때 자신이 누구인지를 보여 주는 정체성(Identity)을 분명히 해야 한다. 이것이 존재하지 않으면 기획서가 한 방향으로 정렬되지 않는다. 비전, 미션, 가치, 목표, 전략, 우선 과제 등을 한 방향으로 정렬시키는 것이 바로 기획자의 몫이다. 예를 들어 광고 기획자는 그 상품의 정체성을 올바로 파악함으로써 상품의 메리트를 극대화시켜서 소비자의 욕구를 불러일으킬 수 있어야 한다. 즉, 아이디어만으로 승부하는 것이 아니라 정체성을 이해하고 강점을 살려내야 한다. 기획은 무작정 틀에서 벗어나는 것이 아니라 방향성을 가져야 강력한 설득력을 가질 수 있다.

기획서는 타이밍이 중요하다. 성공하려면 한 발짝이 아닌 반 발짝만 앞서야 한다. 고수의 말을 되새길 필요가 있다. 대중보다 한 발 빠른 기획은 대중으로부터 외면당하고, 반대로 대중보다 한 발 늦은 기획은 철저하게 무시당한다.

무조건 AI 자동화가 정답이 아니다

최근 블로그를 보면 AI로 자동화되어서 생성된 글이 의외로 많다. 품질이 급격히 떨어지니 사람들이 외면하고 결국 조회수도 적어지고 있다. 게다가 유튜브도 AI 생성 콘텐츠를 수익화 대상에서 제외하는 정책을 시행한다고 밝혔다. 실제와 AI 영상이 구별하기 힘들 정도로 기술이 나날이 발전하고 있기 때문이다. 이제 기획자는 점점 '스스로 창작했다'는 사실을 증명해야 하는 시대에 들어서고 있다. 따라서 AI를 무조건 자동화에만 의존하는 것은 위험하다.

AI 에이전트 시장이 급속히 성장하면서 기술적 · 법적 · 윤리적 이슈 등 과제도 혼재되어 있다. 기술적으로는 대량 학습 데이터를 기반으로 지시를 수행하기 때문에 데이터가 편향적이거나 정확성이 떨어질 경우, 잘못된 판단을 내릴 리스크가 존재한다. 법적으로는 AI 에이전트의 판단 오류가 발생했을 때 책임 소재가 어디까지인지 명확하지 않기 때문이다. 게다가 사용자 데이터를 대량으로 수집 분석해 개인화된 서비스를 제공하면서 개인정보 침해와 보안 문제 등 윤리적 문제도 꾸준히 제기되고 있다.

과거에는 기획서 한 장을 만들기 위해 최소 2시간 이상이 필요했다. 아이디어를 구성하며 밤을 새는 경우가 많았다. 그러나 생성형 AI는 기획서 초안 작성을 '딸깍'으로 마무리하고 있다. 기획자의 책임이 더욱더 무거워지고 있다. 기획서를 작성할 때 초보자뿐 아니라 숙련된 기획자도 일정이 촉박한 상황에서 실수가 많을 수밖에 없다.

기획을 잘 시키는 워밍업

기획서를 제출할 때는 그 대상이 누군가에 따라 달리 대응해야 한다. 어떻게 상대방을 존중하면서 접근할 것인가? 실무자와 결재권자는 관심부터 다르다. 실무자는 추진 방법이나 전문성에 관심이 많은 반면 결재권자는 매출이나 이익에 더 민감하기 때문에 제출할 때도 이러한 사실을 잘 반영해야 한다. 결재자는 분량이 얇은 것을 선호하는 데 반해 실무자는 분량이 적을 때에는 성의가 없다고 반려하는 경우가 있으니 주의가 필요하다. 무조건 1장 기획서가 좋은 것은 아니다.

자신의 유식함을 강조하기 위해 어렵게 작성하는 기획서는 결재권자의 이해를 돕지 못해 결과적으로 결재를 받지 못하는 경우가 생긴다. 실무자일수록 업무의 깊이가 깊고 위로 올라갈수록 깊이는 얕은 대신 업무의 범위가 넓어진다. 기획서에 전문 용어를 많이 사용하거나 '이런 것쯤은 알겠지' 해서 설명을 구체적으로 하지 않으면 최종 결재권자는 서류의 내용을 이해하지 못할 수도 있다. 실무진에서는 약어를 많이 씀에도 원어를 쓰거나, 일반적인 용어로 풀어 쓰면 이해하기 쉬운 것을 굳이 약어로 표현하는 것은 피해야 한다. 자신의 지식을 과시하여 상대방을 이해하기 어렵게 만드는 것은 죄악과 같다.

한 번에 OK 사인을 받고자 한다면, 상대방이 누구인지부터 파악해야 한다. 결재자와 실무자를 구분하는 것은 중요하다.

무엇보다 중요한 것은 고객이다. 이제는 외부 고객뿐만 아니라 내부 고객까지 설득해야 하는 시대다. 엄청나게 쏟아져 나오는 정보의 속도에 성공적으로 대응하기 위해서는 변화의 속도에 이끌려갈 것이 아니라 변화를 이끌어 나가야 한다. 그 변화를 이끄는 사람들은 기획서로 승부한다. 사실 기획서 작성에서 중요한 것은 얼마나 알고 있는가가 아니라 얼마나 작성했는지다. 기획서를 어떻게 쓸 것인가 생각하기 전에 무엇을 담을 것인가 고민해 봐야 한다. 이 책에 나와 있는 몇 가지 원리를 적용해 보자. 분명 기획서가 달라졌다는 소리를 들을 것이다.

쓰는 사람과 읽는 사람의 차이는 분명 존재한다는 것을 기억하자. 읽는 대상을 확실하게 알면 알수록 차별화된 콘텐츠를 생산할 수 있다. 채택 가부의 결정권을 가진 사람, 키맨(key man)에게 기획이나 제안의 이점을 중심으로 최대한 간결하게 어필하는 것이 요령이다.

기획은 방향을 잡는 작업이다. 무조건 열심히 한다고 결과가 좋은 것이 아니다. '할 일 목록(To do list)' 작성은 잘했는 데 비해 '하지 말아야 할 목록(Not to do list)'

이 없는 경우가 많다. 쉽게 말하면 주어진 과제(Task)는 잘 했는데, 스스로 세운 목표(Target)가 없는 경우가 많다. 기획은 바로 스스로 동기화된 목표가 중요하다. 방향 설정이 빠를수록 후반 작업할 시간을 확보할 수 있다.

이제 기획자는 단지 자료를 찾아 헤매는 사람이 아니다. 문제를 제대로 재정의하고 어떻게 할 것인지 의사 결정을 내리는 사람이다. AI 기획서 쓰기의 핵심은 메타 인지(Metacognition)다. 기획자 자신이 스스로 무엇을 알고 있고, 무엇을 AI에 맡길 것인지 결정해야 한다. AI 시대에 기획자가 맡아야 할 새로운 역할이며, 이번 장에서 다룬 기본 원리들은 그 역할을 위한 출발점이 된다.

참고문헌

길영로(2012). 《기획이란 무엇인가》. 페가수스.

니시다 도오루(2006). 《기획·제안서 작성 기술 200 무작정 따라하기》. 김혜숙 옮김. 길벗.

아와즈 교이치로(2018). 《굿 퀘스천》. 장미화 옮김. 도서출판 이새.

윤영돈(2008). 《한 번에 OK 사인 받는 기획서·제안서 쓰기》. 랜덤하우스코리아.

윤영돈(2021). 《기획서 마스터》. 예문.

02
핵심 이슈를 좁히고 문제 분석하기

문제의 초점을 잡는 일은 여전히 기획자의 몫이다. 이 장에서는 생성형 AI를 활용해 복잡한 상황 속에서 핵심 이슈를 좁히고, 문제의 본질을 분석 · 정의하는 방법을 다룬다. 생성형 AI를 활용해 질문을 단계적으로 정교화하면 핵심 이슈는 자연스럽게 압축되고, 기획의 출발점이 되는 문제를 재정의해야 한다. 이를 통해 기획자는 기획의 기본기를 갖추게 된다.

노래하는 AI 보컬?

핵심 이슈를 좁히는 분석 프레임

기획의 성패는 문제를 얼마나 정확하게 정의했는가에 달려 있다. 많은 초보 기획자가 겪는 어려움은 '무엇을 해결해야 하는지'가 명확하지 않은 상태에서 문서 작성을 시작한다는 점이다. 현상을 곧바로 문제로 오해하거나, 문제의 본질을 충분히 규명하지 못한 채 해결책을 찾다 보면 기획서는 쉽게 방향성을 잃는다. 좋은 기획은 멋진 해법에서 시작되지 않는다. 기획은 전략, 전술과 구별되지 않은 채 쓰이는 경우가 많다. 생각은 헤드워크(Headwork)로 휘발되지 않도록 기록해야 한다. 기획은 핸드워크(Handwork)로 붙잡아야 한다. 계획은 풋워크(Footwork)로 어떻게 실행할지 고민해야 한다.

진짜 문제가 무엇인지 파악해야 한다. 고객이 말하는 문제가 반드시 핵심 문제라고 할 수 없다. 고객이 말하는 문제와 진짜 문제는 다를 수 있다는 것을 인지해야 한다. 예를 들어 의사가 환자를 진단하는 과정에서 환자는 증상을 자기 멋대로 해석하고 원인을 말하며 해결책을 요구하는 경우가 많다. 의사는 그 요구를 곧이곧대로 받아들일 것이 아니라 진짜 문제가 무엇인지 파악하는 일부터 시작해야 한다.

기획은 명확하고 정교한 문제 정의(問題定義)에서 출

발한다. 이를 위해 기획자는 문서에 앞서 사람을 만나야 한다. 특히 기획의 직접적인 의사 결정권자와의 대면 접촉을 통해 의도를 정확히 파악하는 과정이 중요하다. 전달받은 자료만으로는 상대방이 무엇을 진짜로 해결하고 싶은지, 어떤 불편과 부담을 느끼고 있는지를 온전히 이해하기 어렵기 때문이다.

문제와 문제점의 차이

문제란 현재 상태(As is)와 바람직한 상태(To be) 사이의 차이, 즉 해결을 요구하는 '간극(Gap)'이다. 문제(Issue)란 해결하지 않으면 목표에 도달할 수 없는 핵심 과제다. 제품의 품질 문제를 어떻게 할 것인가?

문제점이란 어떤 사물이나 현상에서 해결해야 하거나 개선해야 할 점이다. 문제점(Problem Statement)은 문제를 구성하는 여러 원인 가운데 구체적인 대책 수립이 가능한 요소를 의미한다. 이 과정에서 페인포인트(Pain Point)를 구분해 볼 필요가 있다. 페인포인트란 이해관계자가 실제로 느끼는 불편, 부담, 손실과 같은 체감되는 고통 지점을 말한다. 페인포인트는 문제의 존재를 가장 먼저 드러내는 신호이지만, 그것 자체가 곧 문제의 본질은 아니다. 기획자가 해야 할 일은 페인포인트를 나열하는 것이 아니라, 그 고통이 왜 발생했는지를 구조적으로 신호를 해석하는 것이다. 페인포인트는 이러한 문제점이 이해관계자에게 어떻게 체감되는지를 보여 주는 표현이며, 핵심 이슈(Core Issue)는 여러 문제점을 관통하는 가장 중요한 쟁점이다. 이는 지금 해결하지 않으면 전체가 흔들리는 결정적 질문에 해당한다.

숨겨진 진짜 문제는 무엇인가?

문제를 제대로 해결하려면 표면에 드러난 현상에 머물지 않고, 그 아래에 숨겨진 진짜 문제, 즉 '진정한 간극(True Gap)'을 찾아야 한다. 그러나 이는 쉽게 보이지 않기 때문에 기획자는 필연적으로 상대방의 설명과 맥락에 의존하게 된다. 상대의 요구와 불편을 경청하고, 그 이면의 구조를 이해하려는 태도는 결국 기획의 완성도를 높이는 가장 중요한 원동력이 된다.

분석(Analysis)이란 복잡한 대상을 나누고 쪼개야 한다. 문제를 좁히고 분석하는 과정은 본질적으로 탐색의 과정이다. 현상 뒤에 숨어 있는 원인을 찾고, 그 원인이 어떠한 메커니즘으로 작동하는지 이해하며, 그중 무엇이 가장 기획에 중요한지 선별하는 과정이다.

문제를 어떻게 재정의할 것인가

문제 파악의 첫걸음은 문제의 정의다. 미국의 저명한 과학자 찰스 캐더링은 '어떤 문제를 글로 잘 표현하기만 해도 그 문제의 반은 해결된 것이나 마찬가지다'라고 단언한다. 이는 어떤 문제든 글로 정의하는 것이 핵심 문제에 접근하는 지름길이라는 말이다. 문제를 어떻게 명명하느냐가 매우 중요하다. 예를 들어서 '영어 점수를 올리기 위한 기획'을 하도록 해 보자. 현재 토익 점수가 640점이고 목표는 800점일 때 간극는 160점이다. 160점만 올리면 목표를 달성하게 되는 것이다. 가능한 한 정확한 정의가 비교적 명확한 해결 방안을 낳는다.

코칭에서 가장 많이 쓰이는 질문법 GROW

훌륭한 질문 하나가 생각을 바꾼다. 현명한 질문은 더 많은 것을 배우고 발견하도록 우리를 자극하며, 삶에서 무엇이 중요한지를 일깨우기도 한다.

"이게 자네가 할 수 있는 최선인가?"

스티브 잡스도 직원들에게 늘 이렇게 물었다고 한다. 이 질문을 통해서 애플을 혁신적인 기업으로 인식하게 된다.

"앞으로 매킨토시 사용자가 몇 명이나 될까?"

스티브 잡스는 매킨토시 개발팀장을 불러 이 질문을 던졌다. 당시 이 컴퓨터의 부팅 시간은 무척 길었다는데, 이 질문은 '부팅 속도를 줄이는 것이 사람들의 시간을 아껴주는 일'이라는 사실을 직원들에게 일깨웠다. 최상의 품질과 혁신적인 서비스를 만드는 애플의 원동력은 바로 이런 탁월한 질문에서 시작된 것이다.

기획서는 행동 규칙을 만드는 문서다

기획서는 GROW를 문서화한 결과물이다. 기획서가 '개발 시작점'에서 '코드 생성 엔진'으로 바뀌었다. AI 에이전트 시대의 기획자는 프롬프트(Prompt)를 다루는 사람이 아니라 스펙(Spec)을 쓰고 룰(Rules)을 설계하는 사람이며, 기획서는 그 규칙을 담은 '에이전트용 사양서(specification)'가 된다. 기획자는 아이디어 제안자가 아니라 '행동의 규칙'을 만드는 사람에 가까워진다. AI 에이전트 시대의 기획서는 문제를 해결하는 문서가 아니라 문제를 계속 재정의하며 실행하게 만드는 시스템이다.

Goal 목표 설정

- 당신이 정말 원하는 것은 무엇인가?
- 현재의 상황이 어떻게 변화되기를 원하는가?

• 이 문제를 해결하는 것이 당신에게 어떤 가치가 있는가?

• 이 기획을 통해서 어느 정도까지, 얼마나 구체적인 성과를 얻고 싶은가?

• 10년 후의 내 모습은 어떤 것인가?

Reality 현상 확인

• 현재 상황은 구체적으로 어떠한가?

• 지난 시간에 10년 후의 목표를 만들어오기로 했는데 어떻게 수립했는가?

• 앞으로 어떤 장애 요소를 극복해야 하는가?

• 어떤 자원(시간, 돈, 역량, 동기)을 가지고 있는가?

• 진짜 문제의 본질은 무엇인가?

Option 대안 파악

• 이 문제를 해결할 수 있는 방법으로 어떤 것을 할 수 있는가?

• 크든 작든 상관없이 해결책 리스트를 만들어 보자.

• 당신이 사장이라면 무엇을 하겠는가?

• 그것에 대해 어떤 대안들이 가능한가?

• 어떤 대안이 최상의 성과를 가져다 줄 것으로 예상하

는가?

Will 실행 의지

• 당신은 무엇을 실행하겠는가?

• 이 계획을 통해서 어떤 이득을 얻을 것이라고 생각하는가?

• 이 행동을 취하는 데 어떤 개인적 반대가 예상되는가?

• 구체적인 행동은 정확하게 언제 시작해서 언제 마치려고 하는가?

• 이 계획에는 어떤 지원이 필요하고, 그 지원을 누구에게 받는가?

참고문헌

길영로(2012). 《기획이란 무엇인가》. 페가수스.

니시다 도오루(2006). 《기획·제안서 작성 기술 200 무작정 따라하기》. 김혜숙 옮김. 길벗.

다카하시 겐코(1995). 《기획대사전》. 홍영의 옮김. 가림출판사.

윤영돈(2008). 《한 번에 OK 사인 받는 기획서·제안서 쓰기》. 랜덤하우스코리아.

윤영돈(2021). 《기획서 마스터》. 예문.

DeepMind's Demis Hassabis on the future of AI | The TED Interview. https://www.youtube.com/watch?v=I5FrFq3W25U

03
마음에 꽂히는 콘셉트 잡기

기획은 전체를 아우르는 콘셉트를 세우는 과정이다. 사람들이 기억할 수 있는 콘셉트는 짧고 강한 문장에서 시작한다. 이 장에서는 생성형 AI를 활용해 흩어진 텍스트를 하나의 강력한 콘셉트로 압축하는 방법을 다룬다. 사람의 마음에 꽂히는 핵심 메시지를 한 문장으로 압축해야 한다. 유사 제품이나 경쟁사와 비교 분석하며, 머리를 짜내 차별화된 콘셉트를 도출한다.

인공지능과 편향?

콘셉트는 왜 한 문장이어야 하는가

기획의 성패는 콘셉트에서 결정된다. 콘셉트는 단순한 제목이나 슬로건이 아니다. 기획 전체를 하나의 이야기로 꿰뚫는 중심축이며, 모든 내용을 한 방향으로 정렬시키는 나침반이다. 기획서를 읽는 사람은 세부 내용을 모두 기억하지 못하지만, 기획의 콘셉트는 기억한다. '콘셉트(concept)'란 어떤 사물이나 현상에 대한 여러 관념 속에서 공통된 요소를 뽑아내어 종합하여서 얻은 하나의 보편적인 관념을 말한다. 콘셉트는 본질적으로 '이 기획이 말하고자 하는 바를 한 문장으로 요약한 것'이다.

나이키는 오랫동안 "Just Do It"이라는 한 문장으로 기억되는 브랜드다. 나이키(Nike)의 어원은 그리스 신화에 나오는 '승리의 여신 니케(Nike)'에서 유래했으며, 스포츠에서의 승리와 영감을 상징한다.

콘셉트(Concept)는 라틴어 conceptus, 즉 '함께 붙잡다'라는 의미에서 출발한다. 기획의 관점에서 보면, 이는 흩어진 정보와 메시지를 하나의 의미로 꿰어 관통하는 작업에 가깝다.

한 문장의 콘셉트가 분명하면 기획서는 자연스럽게 설득력을 갖는다. 반대로 콘셉트가 약하면 기획서는 방향을 잃고, 결국 자료 모음집 수준에서 끝나버린다.

콘셉트란 재정의하는 것

처음부터 한 번에 기획의 콘셉트를 잡는 것이 생각보다 쉽지 않다. 특히 콘셉트는 큰 그림을 그리는 것에 약하다. 먼저 명확한 개념을 잡아야 한다. 기획서에서 용어의 정의를 어떻게 하느냐에 따라서 달라진다. 개념적 정의(conceptual definition)란 어떤 개념의 의미를 사전적으로 정의를 내린 것이다. 반면 조작적 정의(operational definition)는 특정한 문서에서의 개념을 기획 목적에 부합되도록 규정하는 것이다. 기획자의 입장에서 볼 때 자신이 규정한 개념적 정의에 부합되는 근거를 논리적으로 증명해 보는 것이다. 우선 '표면적인 의미'를 정리한 후 '숨겨진 의미'를 찾아 명시적으로 재정의한 것이 콘셉트다.

콘셉트를 잡는다는 것은 '모든 의미'를 억셉트(accept)하지 않고, '중요하지 않은 것'은 흘려보내며, '핵심적인 것'만을 인터셉트(intercept)해 '하나의 관점으로 묶는 일'이다. 콘셉트는 붙잡을 가치가 있는 의미를 선별하는 것이다. 길어지면 콘셉트가 아니라 컨텍스트(context)가 된다. 콘셉트는 한 문장으로 말할 수 있어야 한다.

기획서의 방향을 결정하는 단계에서 가장 중요한 것은 밑그림을 그리는 것이다. 기획자는 넓은 관점에서 기획의 전체적 콘셉트를 검토해야 한다. 예를 들면 광고 기획, 디자인 기획, 컨설팅 기획, 경영 기획, 마케팅 기획, 영업 기획, 세일즈 기획 등 다양한 기획의 내용에 따라 기획서 작성은 각기 다른 방법으로 구성되어야 한다. 콘셉트의 성격을 중심으로 내용과 연계해서 전체적인 구성을 만드는 것이 중요하다. 기획 분석, 콘셉트 설정, 자료 수집, 시장 현황 조사, 대책 수립, 전략 설정, 실행 계획 등 대략적인 기획서 구성을 세워야 한다. 교육 기획서를 제출할 때를 생각해 보자.

언제 교육을 실시할 것이고, 교육 장소를 어디로 할 것이며, 어떤 주제로 할 것인가를 살펴야 한다. 그 이후에 왜 실시해야 하는지 이유가 있어야 하며, 강사를 누구로 섭외할 것인지, 어떤 절차로 추진할 것이지, 어느 정도의 인원을 모아야 하는지, 예산은 얼마나 있고, 강사료, 교재, 장소 사용료 등 손익 계산을 생각해 봐야 한다. 간단한 기획서 초안은 작성 목적에 부합되게 콘셉트 맵을 그려 작성한다.

기획 초안을 잡는 육하원칙

기획서의 골격을 만드는 데는 육하원칙(六何原則, 5W 1H)에 의거해서 작성하면 쉽게 초안을 완성할 수 있다.

• When: 언제 어떤 일정으로 실행할 것인가?(타이밍, 기간)

• Where: 어디서 실시할 것인가?(지리적, 자연적인 환경 장소)

• What: 무엇을 하려 하는가?(기획의 주제, 내용)

• Why: 왜 이 기획을 입안하는가?(의도, 이유, 배경)

• Who: 누가 실시하는가?(실행자, 관련자)

• How: 어떻게 이 기획을 추진하려 하는가?(방법, 절차, 도구)

• How many: 수량은 얼마나 되는가?(건수, 분량)

• How much: 비용은 얼마나 들고 얼마나 벌 수 있는가?(예산, 손익 계산)

전체적인 콘셉트 맵을 그려라

콘셉트를 잡기 전에 상대방의 이야기를 경청해야 한다. 상사, 동료, 부하 직원, 고객 등 누구든지 상대방이 원하는 것이 진심으로 무엇인가를 파악해야 한다. 나중에 상세한 부분을 고칠 수 있지만, 전체적인 콘셉트가 바뀌면 처음부터 일을 다시 해야 하는 상황이 올지도 모른다. 그렇지만 많은 기획자들은 상세한 내용을 선호하는 경향이 있어 자신이 좋아하는 상세한 내용부터 작성할 가능성이 많다. 준비된 분량이 많을수록 전체적인 내용을 한 눈에 알 수 있도록 요점들의 상관관계를 명확하게 보여 줄 필요가 있다. 이런 콘셉트의 전체적인 모습을 그린 것을 '콘셉트 맵(concept-map)'이라고 한다. 한마디로 기획서의 개략을 미리 정리하여 제시하는 것이다.

무조건 상대방이 원하는 것을 다 들어주라는 말은 아니다. 걸러야 할 것은 걸러 가면서 상대를 설득해야 한다. 진정 상대방의 니즈와 원츠를 알기 위한 경청을 한다면, 그것은 실패를 줄이는 방법이다. 사람은 누군가 자신의 이야기를 가장 잘 들어주는 사람에게 호감이 간다. 아무 말하지 않아도 경청하는 태도 하나만으로 상대방에게 대단한 신뢰감을 얻을 수 있는 것이다. 만일 기획 콘셉트가 다 정해졌다고 하더라도 정해진 시간까지 고객의 소리에 귀 기울어야 한다. 기획서 제출 기간을 어느 정도 확보하는 것이 좋으냐는 의견이 분분하겠지만 대략 10일 정도가 적당하다. 실제 기획서 작성 기간은 3~4일에 끝날 수도 있지만 자료 수집 및 분석 등을 감안해서 사전 협의를 해야 한다.

최고의 기획자는 고객의 소리를 잘 듣는다. 그들이 무엇을 원하는지 쉽게 파악하고 쉬운 그림을 쉬운 언어로 설명한다. 우리나라의 기획자는 마치 비주얼의 전문가로 인식하고 있는 것이 안타깝다. 만일 30장을 준비했다면, 20장으로 줄여야 한다. 실질적으로 핵심이 되는 몇 장만 남기고 나머지는 과감하게 버려라. 뛰어난 커뮤니케이션을 구사하는 사람일수록 여백이 많다. 다른 사람이 소화할 수 있도록 기다려줄 줄 아는 여유가 필요하다. 좋은 기획서일수록 다양한 사례가 많다. 하지만 너무 리얼리티를 추구하다 보면 오히려 진부해진다. 초보일수록 기획서가 복잡하다는 것을 기억하자. "이것 밋밋하고 너무 단순하지 않나요?"라고 고객이 질문해 오면 "심플한 것일수록 이해가 쉽다"고 대답하라.

어떤 메시지든지 욕심을 부려 너무 많이 전달하려고 하면 오히려 전달되기 힘들다. 그보다는 핵심 메시지를 디자인하고 단순화시켜서 초점화하는 것이 중요하다. 여기서 명심해야 할 것이 'KISS의 법칙'이다. 'KISS'란 'Keep It Simple, Stupid(머리 나쁜 사람도 알아듣게 단순하게 하라)'를 축약한 것이다. 위대한 연설가들이 공통적으로 지킨 원칙이 바로 이 'KISS의 법칙'이다. 케네디, 처칠 등 세계적 지도자들의 연설에는 진부한 표현, 과장된 문장, 전문 용어, 유행어들이 전혀 들어 있지 않다. 평이하고 단순한 표현으로 감동적인 연설을 할 수 있는 것이다. 핵심 메시지에는 너무 많은 것을 알리려 하지 말고, 되도록 3개의 메시지가 넘지 않도록 한다.

한눈에 읽히는 기획서를 작성해야 한다. 검토하는 사람이 한눈에 알아본다는 것이다. 기획서를 처음부터 자세히 읽는 사람은 없다. 레이아웃을 잡을 때는 'Z 이론'을 기억하라. 인지심리학적으로 한 페이지를 볼 때, 좌측 상단에서 우측 상단으로, 우측 하단에서 좌측 하단으로, 다시 좌측 하단에서 우측 하단으로 시선이 이동한다는 것이다. 기획서는 일반 소설책과 달리 레이아웃이 매우 중요하다. 따라서 초안을 잡지 않고 곧장 기획서를 작성하면 읽히는 기획서를 만들기 힘들다. 초안은 콘셉트 중심으로 핵심 요소가 담겨야 한다면, 기획서는 기획 의도 중심으로 실제 작업을 할 수 있도록 세부 실행 계획까지 포함하고 있어야 한다. 기획서 작성의 5단계는 다음과 같은 절차를 따르는 것이 좋다.

1단계. 기획 준비

기획의 의도와 목적을 파악하고, 상대에게 질문하고 상대의 이익에 관심을 보여 줘야 한다.

2단계. 주제 설정

상대의 요구를 이해하고 있어야 하며 자료 수집과 분석을 통해 무엇이 주제인지 명확하게 설정해야 한다.

3단계. 현황 파악

공개되지 않는 정보까지 파악하고 현황 파악을 통해 문제를 명료화하고 최종 가설을 세운다.

4단계. 해결책 수립

아이디어 및 해결안을 도출하고, 논리적으로 구조화하고 실행 계획을 세운다.

5단계. 문서 작성

전체 윤곽을 잡고 문장을 작성하며, 도형과 그래프 등으로 기획서를 작성한다.

참고문헌

김근배(2014). 《끌리는 콘셉트의 법칙》. 중앙북스.

니시다 도오루(2006). 《기획·제안서 작성 기술 200 무작정 따라하기》. 김혜숙 옮김. 길벗.

다카하시 겐코(1995). 《기획대사전》. 홍영의 옮김. 가림출판사.

윤영돈(2008). 《한 번에 OK 사인 받는 기획서·제안서 쓰기》. 랜덤하우스코리아.

윤영돈(2021). 《기획서 마스터》. 예문.

About Nike(2024). "빌 바우어만: 나이키 최초의 혁신가". https://about.nike.com/ko/magazine/bill-bowerman-nike-s-original-innovator

About Nike(2025). "나이키 스우시 로고: 미미한 시작에서 세계적인 아이콘이 되기까지".

https://about.nike.com/ko/magazine/the-nike-swoosh-lo
go-from-humble-beginnings-to-global-icon

04
AI 활용해 자료 수집과 핵심 정보 뽑아내기

방대한 데이터 속에서 핵심 정보를 뽑아내는 능력은 AI 시대의 핵심 역량이다. 단순히 자료를 모으는 데 그치지 않고, 의미 있는 정보로 재구성하는 과정이 필요하다. GPT와 같은 생성형 AI를 활용하면 필요한 자료를 빠르게 정리하고 정보를 요약할 수 있다. AI를 잘 쓰는 기획자는 '정보를 잘 찾는 사람'이 아니라 '정보를 잘 걸러내는 사람'이다.

청각장애인과 AI?

AI 과잉 시대, 기획자가 빠지는 함정

최근 기획자가 가장 쉽게 빠지는 함정은 AI를 활용하면서 '충분히 조사했다는 착각'이다. 자료 수집은 퍼플렉시티가 가장 효율적이다. 최신 자료나 공식 통계 등을 출처와 함께 확보하기 쉽다. 노트북 LM은 '내부 자료를 한 공간에 묶어 깊게 파고드는 폐쇄적 리서치'로 활용하기 좋다. 하지만 지나친 AI 활용으로 그동안 찾기 힘들었던 자료가 한꺼번에 쏟아지고 있다. 쉽게 검증하지 않고 그 자료를 갖다 썼다가 낭패를 보곤 한다.

두루뭉술하게 이야기하면 무슨 말을 하는지 알 수 없는 것처럼 기획도 비슷하다. 배경 설명이 길어지면 본론으로 들어가기도 전에 지쳐버린다. 쓸데없는 장을 과감하게 생략해야 한다. 분석은 때론 날카로울 정도로 매섭게 분석해야 한다. 에디슨이 발명왕이 된 것도 천재성이 아니라 날카로운 분석력 덕분이다. 시계든 자동차든 쪼개고 나누어 보라. 먼저 2가지로 나누는 이분법은 새로운 착상으로 이끌 것이다. 외부와 내부, 시간과 공간, 자사와 타사 등으로 분리 해석하여 미래를 예측하여야 한다.

분석할 때 유의해야 할 사항: FAROUT

크레이그 플라이셔가 개발한 FAROUT를 사용하면 분석할 때 매우 유용하다. 다음에 제시하는 6가지 기준에 부합하지 못하면 의사 결정권자들이 분석 결과에 대해서 만족할 수 없게 된다.

- 미래 지향적(Future orientation): 분석 방법은 과거 지향적이 아니라 미래 지향적이야 한다.
- 정확성(Accuracy): 정확한 분석 결과를 창출한다.
- 자원 효율성(Resource efficiency): 데이터 수집 비용이 결과물 가치보다 적게 들어야 한다.
- 객관성(Objectivity): 가설의 편향성, 집단적 사고를 유의한다.
- 유용성(Usefullness): 알 필요가 있는 결과를 개발하여 니즈를 충족시키고 결과를 도출한다.
- 시의 적절성(Timeliness): 걸리는 시간, 데이터의 수명 등을 고려해야 한다.

대부분의 설득은 자료 조사에서 시작된다. 자료는 세상의 수많은 사실이나 현상 모두를 뜻하는 것이 아니라 그중에서 우리의 필요에 따라 지각된 것으로서 계산, 분류, 측정될 수 있어야 한다. 비즈니스에서 가장 기본적인 단위는 정보다.

세계적인 베스트셀러 작가 스티븐 킹은 집필 과정에서 시장 조사를 하는 것으로 유명하다. 그뿐만 아니라 스릴러 영화《위험한 정사》도 개봉하기 전에 관객 반응을 조사해 본 결과 마지막 클라이맥스 부분에 긴장감이 부족하다는 평가가 나왔고, 영화사 측에서는 이를 적극 수용해서 좀 더 극적인 결말이 되도록 재촬영과 재편집을 한 끝에 8000만 달러 이상의 수익을 올렸다고 한다. 이와 같이 시장 조사를 이용하면 성공 확률을 높일 수 있다.

자료 조사의 대표적인 방법은 정량적(quantitative) 조사와 정성적(qualitative) 조사다. 정량 조사는 양에 따라서 조사하는 것이고, 정성 조사는 종류와 특징에 따라 조사하는 것이다. 정량적 조사는 일정한 모집단의 표본을 대량 수집해서 그들의 관계를 알아내거나 습성을 판단하는 데 주력하는 반면, 정성적 조사는 그보다 적은 수의 표본을 사용하지만 깊은 곳까지 파고들 수 있다. 정량적인 조사가 여론 조사라면 정성적인 조사는 인터뷰 조사다. 정량적인 조사는 사물의 양적 측정과 관련되어서 흔히 '하드 데이터(hard data)'라고 하고, 정성적인 조사는 사물의 존재 이유를 이해하는 것으로써 '소프트 데이터(soft data)'라고 한다. 질적 · 양적 측면에서 검증할 수 있는 자료를 준비해 두면 설득력은 더 높아진다. 가능한 독자적으로 조사해서 수치화된 객관적인 자료를 갖고 있는 것이 상대를 설득하는 데 매우 유리하다.

책상 위에 자료만으로는 의미가 없고 정보를 쌓아야 한다. 정보 없이는 전략도 없다. 그러나 정보도 무작정 수집하는 것이 아니라 꼭 필요한 것만을 도출해 내야 한다. 예를 들면 홈페이지 기획을 한다고 했을 때 어떤 자료를 수집할 것인지, 홈페이지를 만들기 위해 가공하는 정보(information)를 구조화시켜야 한다. 차별화된 홈페이지를 만들 수 있도록 '추상화된 문제 해결의 단위'를 '지식(knowledge)'이라고 지칭한다. 정보는 지식보다 용이하게 새로운 정보에 의해 대체될 수 있는 가능성을 지니는 데 비해, 지식은 중장기적으로 영향을 미치고 지속적인 의미를 지닌다.

지식은 언제든지 서랍에서 꺼내 쓸 수 있는 것이 아니다. 주어진 현황을 새롭게 인식하는 것은 효과적인 정보 수집 방법에 의해서다. 항상 신문, 잡지, 논문, 책, 인터넷 등을 통해서 필요한 정보를 검색해야 한다. 컴퓨터에 있는 자료 정리도 과거에는 디렉토리 방식이었다면 현재는 키워드 방식으로 바뀌고 있다. 굳이 컴퓨터 자료 정리에 많은 시간을 소비하기보다는 저장할 때 찾기 쉽도록 관리하는 것이 더욱더 중요하다. 지식은 결국 이런 검색된 정보를 읽기(reading)를 통해서 자기 자신이 소화시킬 때 시너지 효과를 얻을 수 있다.

중요한 것은 외부 정보 획득이다. 아무리 기획서가 훌륭하고 그것을 뒷받침하는 이론이 좋은 것이라 해도 직접적 관찰과 경험을 능가하는 것은 없다. 자사 이외의 외부 정보를 획득하는 방법은 바깥으로 나가서 직접 눈으로 확인해 보는 것이 가장 좋다. 직접 주요 인사와 접촉해서 인터뷰해 보는 것이다. 이런 외부에 대한 진지한 관찰은 자신의 관점을 강화할 수 있다.

무엇보다 중요한 것은 공개되지 않은 정보를 탐색 조사하는 것이다. 철저한 정보를 탐색하지 않고 기획 제안을 한다는 것 자체가 무의미하다. 널리 알려진 공개된 정보일수록, 가치 있는 내용이 없더라도 알고 시작하는 것과 모르고 시작하는 것은 다르다. 널리 알려진 공개된 정보를 알아보는 데까지 알아본다. 인터넷 정보를 활용하되, 직접 국회도서관이나 여러 단체나 학회에 문의해서 얻은 자료일수록 값진 것이 많다. 자신이 시간적으로 여유가 없을 때는 전문가에게 맡기는 것도 고려해야 한다.

기획서의 큰 그림을 그리기 위해서는 먼저 자세한 조사를 선행해야 한다. 무턱대고 큰 그림을 짐작으로 그리려고 해서는 안 된다. 기획자들은 구체적이고 세밀한 자료를 먼저 찾고 나중에 보편적이고 포괄적인 자료를 찾는다. 이럴 경우에는 기획 제안의 방향이 처음부터 시야가 좁아질 수 있는 단점이 있다. 전체적인 시장과 같은 큰 자료부터 시작하여 경쟁 업체 현황과 같은 세밀한 자료를 조사하는 것이 균형 있는 기획 제안서를 만드는 데 유리하다.

신뢰를 높이는 근거를 제시하라. 성공하는 기획서는 대개 참고 자료를 통해서 뒷받침되는데, 의미 있는 자료를 수집해야 신뢰성을 높일 수 있다. 이때 요구되는 것으로 수치 자료, 인용 자료, 참고 자료 등이 있다.

수치 자료

가설을 뒷받침하려면 수치 데이터를 수집해야 한다. 근거 중에서 가장 설득력 있는 자료는 수치 데이터다. 우선 숫자로 표시된 결과는 납득되기 쉽다. 논리적 근거를 확보하기 위해서는 객관적인 통계 자료가 제일 많이 쓰인다. 기획 제안과 관련 있는 수치 데이터가 있다면 그것을 가장 먼저 찾아놓으면 쓸 데가 많다. 만일 타 부서와 관련되는 사항이 있다면 해당 부서의 담당자와 미리 인터뷰를 해 두어서 협조 사항이 발생하거나 반론이 나올 경우 어떻게 대처할지 협의해 두는 것도 좋다.

예) 우리 회사 제품을 사용한 고객 1000명을 대상으로 설문조사를 실시한 결과….

인용 자료

기사에서 가장 많이 쓰는 방법이 전문가의 의견을 인용하는 것이다. 구체적인 사례를 들면 좋다. 가장 중요한 것은 자료 싸움이다. 이미 알려진 것조차 조사되지 않았다면 읽는 사람은 허탈할 것이다. 관련 자료, 국내외 사례 등 참고할 만한 것을 찾아서 읽고 필요한 부분을 인용해야 한다. 인용 자료에는 반드시 출처를 밝혀야 한다. 가끔 문서를 작성하라고 하면 대책은 세우지 않고 문제점만 제기하는 경우가 있다. 문제 해결을 위해서 쓰는 비즈니스 문서에서 문제점만 제기하고 대책이 없다는 이야기는 이미 존재 가치를 잃은 것이다.

예) '한 가지 생각을 표현하는 데는 오직 한 가지 말밖에는 없다'라는 유명한 플로베르의 '일물일어설(一物一語說)'도 있듯이….

참고 자료

참고 자료는 기획서에서 매우 중요한 부분이다. 이를 보고 문서를 작성하기 위해 얼마나 준비했는가를 파악할 수 있다. 내용들에 적합한 문헌을 참고하였는가는 상당히 중요하다. 참고했거나 관련 있는 자료 등을 기획서 제안서 제출 시에 요구하는 경우가 많다. 굳이 논문을 쓰듯이 참고 문헌을 너무 상세히 알려줄 필요는 없다. 기획서 제안서에 담지 못했던 백 데이터(back data)를 보여 주면 좋아하는 고객들도 있으니 유의하기 바란다. 참고 문헌(bibliography)은 관련 문헌을 모두 실은 것을 말하고, 인용 문헌(references)는 본문에서 참고 인용한 문헌들만을 게재한 것이고, 해제 목록(annotated bibliography)은 해제를 곁들인 것을 말한다. 참고 자료를 작성할 때는 특별한 예외가 없으면 기획서 제안서에 열거된 자료만으로 작성한다. 작성하는 순서는 단행본, 논문, 잡지 및 신문, 웹사이트 등으로 나누어 작성하며, 저자별 가나다순으로 작성한다.

예) 윤영돈,《한 번에 OK 사인 받는 기획서 제안서 쓰기》, 랜덤하우스, 2008.

[Co-STAR **기반 기획서 프롬프트 예시**]

경영진 보고용 전략 기획서

Context(**맥락**): 국내 핀테크 시장은 2022~2025년 동안 연

7~10%의 안정적 성장을 보이고 있으나, 빅테크 중심의 시장 쏠림과 규제 강화로 인해 중소 핀테크의 생존 전략이 중요해지고 있다.

Objective(**목표**): 2025년 이후를 대비한 핀테크 사업 전략 기획안을 작성.

Style(**스타일**): 경영진 보고용 비즈니스 기획서 스타일.

Tone(**톤**): 전문적이고 단정한 톤.

Audience(**대상**): CEO 및 임원진.

Response Format(**응답 형식**): 1000자 분량 기준.

참고문헌

니시다 도오루(2006). 《기획·제안서 작성 기술 200 무작정 따라하기》. 김혜숙 옮김. 길벗.

윤영돈(2008). 《한 번에 OK 사인 받는 기획서·제안서 쓰기》. 랜덤하우스코리아.

윤영돈(2021). 《기획서 마스터》. 예문.

Harvard University Information Technology(2023). Getting started with prompts for text-based Generative AI tools. https://www.huit.harvard.edu/news/ai-prompts

Shah, D.(2025). COSTAR Prompt Engineering: What It Is and Why It Matters. portkey. https://portkey.ai/blog/what-is-costar-prompt-engineering

05
기획서의 흐름을 잡는 논리적 목차 구성하기

설득력 있는 기획서는 단순한 정보 나열이 아닌, 잘 짜인 흐름에서 시작된다. 처음부터 끝까지 자연스럽게 이어지는 기획의 흐름은 논리적 목차에서 나온다. AI 챗봇을 활용하면 아이디어를 기반으로 다양한 목차 초안을 빠르게 생성할 수 있다. 그러나 너는 '기획서를 처음 쓰는 사람'을 돕는 목차 설계 챗봇이다.

AI 콘텐츠 크리에이터?

AI 에이전트 시대의 목차 구성 위험

기획서의 설득력은 내용의 양이 아니라 흐름에서 결정된다. 아무리 좋은 아이디어라도 흐름이 명확하지 않으면 설득되지 않고, 반대로 아이디어가 다소 평범해도 논리적 흐름이 탄탄하면 의사 결정권자의 신뢰를 얻는다. 그래서 기획서 작성에서 가장 중요한 단계 중 하나가 바로 '목차 구성'이다. 서점에 가서 책의 목차를 보면 많은 도움이 된다.

AI 에이전트를 써서 기획서 목차를 만들 때 핵심 위험이 드러난다. 그럴듯한 목차는 잘 나오는데 실제로 아무도 행동하지 못하는 구조가 되는 것이다.

목차는 기획의 뼈대이자 사고의 지도를 제공하는 구조다. 목차만 보면 기획의 방향과 논리가 한눈에 드러나야 한다.

다산은 '선정문목법(先定門目法)'이라고 하여 목차를 세우고 체재를 선정할 것을 강조하여 목차의 중요성을 천명하고 있다. 얼개를 구성해야 정보를 장악할 수 있다. 정보를 단순히 모으는 게 아니라 처음부터 분류하고 기준을 세워 구분하면, 그것은 효율성을 극대화하는 정보 수집의 방식이 된다. 먼저 목차를 구성하고 자료를 가려 뽑아 목차에 나누어 배치하여 책을 완성했다. 목차는 책의 뼈대다. 책을 읽는 것은 결국 목차를 따라가는 것이다. 관련 자료를 섭렵하여 카드 작업을 통해 분류한 뒤 각 목차에 해당하는 곳에 재배열해서 살을 붙이는 방식으로 집필을 했던 것이다. 18년 유배 생활 중 600권에 이르는 방대한 양의 저서를 완성할 수 있었던 이유는 바로 최적화(最適化)에 있다.

기획서를 처음 쓰는 사람들은 종종 AI 에이전트를 활용할 때도 "핀테크 산업 기획서의 논리적 목차를 짜 줘"라고 단순하게 명령하거나 요청한다. 프롬프트에 어떤 지침과 조건을 담느냐에 따라 AI가 이해하는 사고의 범위와 방향이 달라지며, 그 결과로 만들어지는 목차의 수준이 크게 달라진다. 즉, 좋은 목차는 AI의 프롬프트에 담긴 설계의 수준에서 결정된다.

전체적인 구성의 체계도를 잡아라

전체적인 구성의 체계를 잡는 일이 곧 목차를 설계하는 일이다. 많은 경우 기획서는 본문을 읽기 전에 목차만으로 먼저 평가된다. 입력이 부실하면 결과도 부실할 수밖에 없다는 GIGO(Garbage In, Garbage Out) 원칙은 기획서에도 그대로 적용된다. 쓰레기 같은 입력에서 수준 높은 결과를 기대할 수는 없다. 기획서가 쓰레기통으로 향할지, 아니면 중요한 문서로 고이 다뤄질지는 결국 목차를 어떻게 구성하느냐에 달려 있다고 해도 과언이 아니다.

따라서 단단한 논리를 세우고 목차를 구축해야 하는데, 초보자일수록 구성 요소를 한 번 만들어 보고 작성하는 것과 그렇지 않은 것과의 차이는 크다.

훌륭한 기획서의 목차는 단순히 쪽수를 안내하는 기능이 아니라 핵심 키워드로 간결하면서도 논리적으로 구성된 것이다. 논리적 목차를 구성하기 위해서는 우선 틀을 잡아야 한다. 다음 중 여러분이라면 어떤 목차를 선택할 것인가?

기획서의 목차를 만들 때 윔지컬(Whimsical) AI를 사용하면 다이어그램으로 구조화해 준다. 질문의 논리 흐름이 성립하는지 시각적으로 확인하는 데 유용하다.

MECE를 활용한 논리적인 목차 구성하기

MECE를 활용한 논리적인 목차 구성의 핵심은 제목과 소제목 간의 연관성을 얼마나 탄탄하게 설계하느냐에 있다. 이를 위해서는 먼저 큰 덩어리의 내용을 논리적으로 분석하고, 의미가 겹치지 않도록 나누고 쪼개는 과정이 필요하다. 이때 가장 많이 활용되는 방법 중 하나가 바로 'MECE'다. MECE는 목차를 체계적으로 분해해 구조의 완성도를 높이는 데 효과적인 기준이 된다. 이는 'Mutually Exclusive and Collectively Exhaustive'의 약자로서 '서로 중복된 것도 없고, 누락된 것도 없이' 문제의 전체를 파악하는 사고방식이다. MECE는 문제를 하나의 통합적인 것으로 파악하는 방식에서 벗어나 문제를 하나하나의 묶음으로 파악한다. 그렇기 때문에 체계를 잡기 위해 서로 비교 및 검토해서 목차를 만들 때에 가장 효율적인 방법이다. 중복도 없고 누락도 없는 대표적인 예를 들어보면 식품에서 냉동, 냉장, 상온으로 제품을 분류하는 것이다.

MECE가 어렵다면 식품 유통 형태 '상온, 냉장, 냉동'을 생각하자. '상온, 냉장, 냉장'은 서로 중복된 것도 없고, 누락된 것도 없이 전체를 이룬다. 기획서에서 가장 많은 지적을 받는 것이 중복된 것이다. 자금 조달 '개인 병원, 일반 병원, 대학 병원'만 생각하면 MECE인 것 같으나, '공립 병원'이 들어가면 중복되는 것이 발생한다. 쉽게 눈에 띄는 것이 바로 중복된 것이다.

MECE 원칙으로 목차 중복 제거하기

목차 구성에서 가장 중요한 것은 중복된 것을 제거하는

것이다. 비즈니스 세계에서 가장 비효율적인 것은 중복이다. 사실 누락된 것은 전체를 하나하나 확인해야 하니 눈에 잘 띄지 않을 수 있다. 가용한 자원을 최대한 효율적으로 생각해야 한다.

- 전체 목차에서 누락된 내용이 있는가?
- 세부 목차에서 비슷하거나 중복된 내용이 있는가?
- MECE로 파악하여 우선순위는 어떻게 되는가?
- 목차의 순서와 깊이를 재조정해야 하는가?

목차를 논리적으로 구성하기 위해서는 체계적인 접근이 중요하다. MECE를 이용한 논리적인 사고로 문제를 하나하나 트리 모양으로 풀어가는 방법을 '로직 트리(logic tree)'라고 한다. 로직 트리는 문제를 대분류, 중분류, 소분류 등으로 목차 분류하여 우선 큰 문제를 먼저 제시한 다음 각각의 문제에 대해 다시 분석하는 방법이다. 이때 주의할 점은 앞의 대분류에서 벗어나지 말아야 한다는 것이다. 로직 트리에서는 하나의 문제가 나올 때마다 '왜 그럴까?'를 끊임없이 생각해야 한다. 어떻게 이러한 문제가 나왔는지 계속 생각하되, 그 원인 파악은 원하는 표적에서 벗어나지 말아야 한다. 로직 트리의 특징은 다음과 같다.

- 빠짐이나 중복을 사전에 체크할 수 있다.
- 원인, 해결책을 구체적으로 찾아낼 수 있다.
- 각 내용의 인과관계를 분명히 할 수 있다.

논리적 비약을 막아주는 크로스체크

AI 에이전트로 기획서 목차를 만들 때, 논리 비약을 어떻게 사전에 차단할 것인가?

이 문제의 해결책은 AI에게 '생성 역할'과 '검증 역할'을 분리해서 맡기는 것이다. 목차 생성용 AI 에이전트로 추천하면, 챗 GPT로 목차 생성과 논리를 수행하고 평가와 비판을 금지하면 좋다. 반면 클로드(Claude)는 초안 생성용보다 점검용으로 누락, 모순, 충돌 등 점검을 잘 찾아낸다.

이렇게 논리적 비약을 막아주는 방법으로 가장 중요한 것은 크로스체크다.

'so what?'과 'why so?'를 살펴보자. 우선 'so what?'은 '그래서 결국 무엇을 하자는 것인가?' 즉, 과제에 대한 보충 자료 중에서 주요 포인트를 추출하는 작업이다. 예시된 블루오션 사례 중에서 주요 포인트를 추출하는 과정을 통해 블루오션 전략의 개념을 세울 수 있다.

반대로 'why so?'는 '왜 그렇게 말할 수 있는 것인가?' 즉, 'so what'으로 나온 주요 포인트의 타당성을 검증하는 작업이다. 결과적으로 'so what?' 질문과 'why so?' 질문 습관을 기른다면 논리의 완성도는 더욱더 높아진다.

이와 같이 MECE를 이용하면 아무리 많은 자료나 내용이라도 한 장의 목차로 정리할 수 있다. 이 한 장에서 모든 정보를 얻을 수 있고 구성도 한눈에 파악할 수 있는 것이다. MECE라는 간단한 방법만으로도 효과적인 업무 수행에 상당한 도움이 된다.

목차를 잡을 때는 목수가 되었다고 생각하라. 기둥을 세우는 것은 주춧돌이 잘 놓여 있어야 가능하다. 논리적인 목차를 잡는 데는 그냥 서술하는 것보다 항목을 구분하는 것이 매우 중요한 역할을 한다.

AI로 논리적 목차를 짤 때 3가지를 고려해야 한다. 첫째, 제너레이터(Generator)가 목적과 기준을 바탕으로 행동 중심 목차를 만든다. 둘째, 오디터(Auditor)가 논리 비약 · 전제 누락만 찾아 의심한다. 셋째, 스펙 체커(Spec Checker)가 에이전트가 오해 없이 실행 가능한지 사양 안전성을 확인한다.

기획자는 여러 목차를 비교해서 최종 결정을 하면 된

다. 목차를 보면, 거기에는 문제 인식과 해결 방안이 균형 있게 담긴 목차가 완성된다. 논리적인 목차를 보면 기획서의 신뢰가 높아진다.

핀테크 산업 전략 기획서 목차 사례

1. 왜 지금 핀테크 전략을 재설계해야 하는가

1-1. 금융 환경 변화와 기술 전환이 만들어 낸 구조적 압력.

1-2. 기존 금융 · 핀테크 모델이 한계에 도달한 지점.

1-3. 지금 이 시점에 의사 결정이 필요한 이유.

2. 현재 핀테크 시장의 핵심 문제는 무엇인가

2-1. 사용자 관점에서 드러난 주요 페인포인트.

2-2. 서비스 이용 흐름에서 발생하는 병목과 이탈 지점.

2-3. 기존 핀테크 서비스 구조의 근본적 한계.

3. 문제를 설명하는 핵심 근거와 시장 분석

3-1. 이용 행태 데이터를 통해 본 문제의 실체.

3-2. 경쟁 구도와 시장 포지셔닝 분석.

3-3. 규제 · 보안 · 신뢰 이슈가 전략에 미치는 영향.

4. 사용자 경험 관점에서 본 핀테크 전략 방향

4-1. 고객 여정(Customer Journey) 기준의 경험 구조 재설계.

4-2. 신뢰 · 편의 · 속도를 중심으로 한 경험 설계 원칙.

4-3. 경험 개선이 사업 성과로 연결되는 논리 구조.

5. 최적의 핀테크 전략 및 서비스 방안 제안

5-1. 사용자 경험 개선을 반영한 핵심 전략 시나리오.

5-2. 기존 방식 대비 차별화 요소와 선택 근거.

5-3. 단계적 확장이 가능한 서비스 구조.

6. 실행 계획 및 사업 구조 설계

6-1. 단계별 실행 로드맵과 우선순위.

6-2. 기술 · 인력 · 파트너십 운영 방안.

6-3. 규제 대응 및 리스크 관리 계획.

7. 기대 효과와 의사 결정 포인트

7-1. 사용자 경험 개선에 따른 시장 경쟁력 변화.

7-2. 수익성, 성장성, ROI 관점의 기대 효과.

7-3. 최종 승인 · 투자를 위한 핵심 판단 요약.

참고문헌

니시다 도오루(2006). 《기획·제안서 작성 기술 200 무작정 따라하기》. 김혜숙 옮김. 길벗.

바바라 민토(2004). 《논리의 기술》. 이진원 옮김. 더난출판사.

윤영돈(2008). 《한 번에 OK 사인 받는 기획서·제안서 쓰기》. 랜덤하우스코리아.

윤영돈(2021). 《기획서 마스터》. 예문.

30 Best Barbara Minto Quotes With Image. https://www.bookey.app/quote-author/barbara-minto

06
기획서 타당성 높이는 현상·원인·배경 조사하기

기획의 설득력을 높이려면 단순한 아이디어 제시를 넘어서, 충분한 근거와 맥락이 뒷받침되어야 한다. AI 에이전트를 활용하면 현상을 점검하고, 외부 환경과 시장 변화까지 빠르게 요약할 수 있다. 기획의 현상과 문제의 원인을 분석하고, 배경을 체계적으로 정리하는 것이 타당성을 높여준다.

AI와 민주주의?

거시적 관점에서 미시적 관점으로 좁히기

AI 에이전트를 활용한 현황 분석은 아이디어를 설명하는 기획을 맥락으로 설득하는 기획으로 바꿔준다.

기획서가 설득력을 얻기 위해 반드시 갖춰야 하는 2가지 요소가 있다. '근거(Evidence)'와 '맥락(Context)'이다. 겉으로 드러난 증상이 아니라, 문제를 반복적으로 발생시키는 '근본 원인'을 찾아 제거하는 문제 해결 방법을 'RCA(Root Cause Analysis)'라고 부른다. RCA에서는 급한 불을 끄는 대신 근본적인 문제를 체계적으로 예방하고 해결하는 것이 훨씬 더 효과적이라고 본다. 무엇(What)이 문제인가? 왜(Why) 이 문제가 발생했는가? 이 원인이 제거되지 않으면 무엇이 반복되는가?

기획의 논리는 감각이나 직관이 아니라 '사실'과 '근거'를 기반으로 만들어져야 한다. 기획서의 배경 · 원인 · 현상 조사는 사실과 근거를 구축하는 과정이다.

현재의 상태를 객관화하기

기획서에서 현상과 현황을 구분해야 한다. 현상은 '무슨 일이 일어나고 있는가'를 보여 주는 사진처럼 고정된 상태를 의미한다면, 현황은 '그 일이 어떤 흐름과 수준에 있는가'를 입체적인 동영상처럼 변화하는 상황의 흐름을 이야기한다.

따라서 현상을 파악해야 원인을 분석할 수 있다. 원인(cause)은 어떤 상태를 변화시키거나 일으키게 하는 근본이 된 사건을 말한다. 배경(background)은 기획의 원인을 뒷받침하는 시대적 · 사회적 환경을 말한다. 기획할 때의 순서는 '현상 → 원인 → 배경'으로 하되, 기획서를 쓸 때의 순서는 '배경→ 원인 → 현상'으로 한다.

기획서의 타당성을 높이기 위해 조사는 크게 세 가지 범주로 나눌 수 있다. 바로 '현상 파악', '원인 분석', '배경 조사'다.

기획서를 작성할 때 제일 먼저 하는 것이 현상 파악이다. "지금 무슨 일이 일어나고 있는가?" 현상 파악 단계는 겉으로 드러난 문제의 실체를 파악하는 것이다. 현상을 파악해 보면, 측정할 수 있도록 수치화해야 한다. 비율, 건수, 증감, 비교, 추이 등 현상을 파악하기 위한 데이터 수집을 해야 한다.

5Why 기법은 도요타 자동차에서 시작되었다고 알려졌으며 문제의 표면적인 현상에 대해 "왜?"라는 질문을 반복적으로 던져, 다섯 번의 질문을 통해 문제의 근본적인 원인(Root Cause)을 찾아내고 해결책을 도출하는 문제 해결 분석 기법이다. AI 에이전트를 활용해서 실제

5Why 기법을 적용해 보자.

- **현상**: 최근 조직 내 Z세대 입사 1~3년차 퇴사율이 지속적으로 높아지고 있음.

Why 1. 왜 Z세대의 퇴사율이 높은가?

→ 입사 초기 기대와 실제 업무 경험의 괴리가 큼.

Why 2. 왜 기대와 실제 경험의 괴리가 큰가?

→ 수평적 문화 등 선언적 메시지 중심으로 전달되고 직무 방식에 대한 사전 정보가 추상적임.

Why 3. 왜 사전 정보가 추상적으로 전달됐는가?

→ 채용 과정이 '설득 중심'으로 설계돼 있고, '현실 검증' 구조가 약하며 실제 업무 난이도, 피드백 방식, 성과 압박 수준이 충분히 공유되지 않음.

Why 4. 왜 채용이 설득 중심으로 설계됐는가?

→ 조직은 여전히 '입사 이후 적응은 개인 몫'이라는 전제를 가지고 있으며 온보딩 · 코칭 · 역할 명확화가 개인의 태도 문제로 치환됨.

Why 5. 왜 적응을 개인 몫으로 보는 전제가 유지되는가?

→ 조직 차원에서 '초기 1~2년차를 관리 · 설계해야 할 핵심 구간'으로 정의하지 않았기 때문이며, 입사 초기 이탈을 구조적 리스크가 아닌 자연 현상으로 인식함.

• **근본 원인**(Root Cause): Z세대 퇴사율 증가는 개인의 인내심 부족이나 가치관 문제가 아니라, 채용-온보딩-초기 성장 구간을 하나의 시스템으로 설계하지 않은 조직 구조의 문제임.

5Why는 단순 분석 도구가 아니라 기획의 수준을 바꾸는 장치다. 기획을 할 때 사실 확인하는 이 단계가 가장 난이도가 높다. 보이는 현상만 나열하고 분석했다고 착각하지 말아야 한다. 주의해야 할 점은 현상을 곧바로 문제로 규정하지 말아야 한다.

AI 에이전트를 활용해서 자신의 SWOT 기법을 적용해보자. SWOT 분석은 자신의 내부 환경을 강점(Strength)과 약점(Weakness), 외부 환경을 기회(Opportunity)와 위협(Threat)이라는 긍정적인 면과 부정적인 면으로 분석하는 프레임워크다.

예를 들면 2006년 10월 3일 서해대교 상판에서는 29대의 차량이 안개 속에서 추돌하는 사고가 났다. 봉고 프런티어가 변속을 하고 속도를 줄였지만, 서해대교 안개가 더욱 짙어졌다. 이 사고로 추석 연휴를 앞두고 60여 명의 안타까운 사상자가 발생했다. 서해대교 29중 추돌 사고는 왜 일어났을까?

인과 규명을 위한 원인 분석하기

원인은 그 현황이 발생하는 직접적 이유를 말한다. 원인을 분석해 보면, 인과 규명을 하는 것으로 현상을 만들어 낸 구조적 이유를 탐색해 보는 것이다. 원인을 제거하면 현상이 줄어드는가? 검증해 봐야 한다. 주의해야 할 점은 추측을 사실처럼 단정하지 말아야 한다.

"왜 이런 현상이 발생했을까?"

"안개 조심, 50km/h 이하 감속." 서해대교 입구 전광판을 못 보거나 무시한 채 짙은 안개 속에서 25t 차세대 트럭 기사의 과속에 의한 추돌 사고가 발단이 되어 일어난 사고로 볼 수 있다.

원인도 내가 대처할 수 있는 원인이 있고, 대처하기가 불가능한 원인도 있다. 따라서 대처 불가능한 원인을 붙잡고 시간 낭비하지 않도록 주의해야 한다.

교통사고의 원인을 찾아보면, 날씨, 도로 사정, 급경사, 급커브, 과속, 운전 미숙, 스마트폰 사용, 부주의, 졸음 피로 운전, 출퇴근 혼잡 시간대, 조명 부족 등 다양하게 있을 수 있다. 원인은 단순하게 나열하지 말고 배경 구조로 묶어서 해석해야 대책이 나온다.

원인을 분석한 뒤에는 배경을 분석해야 한다.

배경 조사는 주로 환경 변화에 관한 부분이므로 증명

된 출처를 밝혀야 한다. AI 에이전트를 활용해서 PEST 기법을 적용해 보자.

배경을 찾는 PEST 분석은 기업을 둘러싼 외부 환경을 정치(Political), 경제(Economic), 기술(Technology), 사회(Social)의 4가지 관점으로 분석하는 프레임 워크다. 정치적 요소는 정부 정책, 법률, 규제 등 기업에 미치는 영향이고, 경제적 요소는 경제 성장률, 금리, 환율, 인플레이션 등 거시 경제 환경 변화가 기업 활동에 미치는 영향이고, 사회적 요소는 인구 구조, 소비자 문화, 라이프스타일 변화 등이 시장과 기업에 미치는 영향, 기술적 요소는 신기술 발전, 자동화, 디지털 전환, R&D 투자 등 산업과 시장을 변화시키는 영향이다.

배경은 현상을 둘러싼 주위의 상태다. "이 원인이 만들어진 구조적 배경은 무엇일까?"

짙은 안개로 인하여 전방 시야 확보가 안 되었다. 전광판에 경고 문구가 있었으나, 이를 무시한 채 달린 25t 트럭 운전기사의 안전 불감증이 부른 참사다. 최초 사고 발생 이후에도 뒤늦게 추돌한 운전자에게 경고 전달 메시지 전달의 한계 등 사회 전반적인 인식이 낮다. 전광판 외 사이렌, 확성기 등 사고 발생 즉시 주위에 알릴 수 있는 자동화된 시스템 등의 부재도 개선이 필요하다.

현상을 둘러싸고 있는 배경 조사하기

배경 분석이 길어져 결론이 흐려지지 않도록 주의해야 한다. 현상 파악은 보통 겉으로 드러난 현상과 그 이면이라는 두 가지로 나눌 수 있다. 잘 보이는 현상은 정확한 수치, 통계, 추이, 사실 중심의 상태를 의미하며 객관적 정보로 구성된다.

'현재의 상태'와 '원하는 상태'를 분석하면 그 차이가 일어나게 된 원인을 찾아야 한다. 일을 뭉개고 있는 사람들은 문제점이 아닌 것을 붙잡고 있는 경우가 많다. 쓸데없는 시간을 보내지 말고 문제를 재정의해서 해결해야 한다.

현상은 보이는 결과다. 현상은 해석이 섞여 있으면 안 된다. 원인은 작동한 구조다. 원인이 사람 탓으로 흐르지 않도록 주의해야 한다. 배경은 구조가 유지된 이유다. 배경이 변명이 되지 않도록 주의해야 한다.

이면에는 원인과 배경이 작동하게 된다. 현상처럼 수치로는 잘 드러나지 않지만, 문제를 지속시키는 이유가 여기에 있다. 예를 들면, 비공식 절차에 의존하는 업무 방식, 책임과 권한이 불명확한 실행 구조 등이 문제를 지속시킨다.

AI 에이전트를 활용해서 SMART 기법을 적용해 보자.

SMART 기법을 적용하면 구체화할 수 있다. 현상은 구체적이고(Specific), 측정 가능하며(Measurable), 현실에 기반하고(Realistic), 행동으로 이어질 수 있어야 하며 (Actionable), 특정 시점을 기준으로 설명되어야 한다 (Time-bound). 현상은 사실이 기반이 되어야 하며, 해석이 명확해야 한다. 기획자는 이를 통해 문제의 표면을 넘어서 근원적인 이면을 분석해야 한다.

- 제목: 임직원의 건강을 위한 실내 운동 기획안.
- 목적: 업무로 인해 운동량이 줄어든 임직원들을 위한 기획.
- 환경: 현대인들이 건강에 대한 관심도가 증가함.
- 현상: 사내 규정으로 점심시간에 헬스장에 갈 수 있는 사람이 0명이다.
- 목표: 임직원들의 운동 활동 시간 증가.
- 문제: 외부 시설에서 운동이 불가하여 가볍게 맨몸 운동으로 건강을 유지해야 한다.
- 대책: 무작정 금지만 할 것이 아니라 실내 운동 영상을 공유해 주어야 한다.
- 실행: 2월 22일~26일 실내 운동 영상 촬영, 편집.
  3월 2일 커뮤니티 공지.
- 효과: 임직원들의 건강 증진을 기대함.

일상 속 활력이 될 수 있음.

스트레스 감소에 도움이 됨.

참고문헌

니시다 도오루(2006). 《기획·제안서 작성 기술 200 무작정 따라하기》. 김혜숙 옮김. 길벗.

윤영돈(2008). 《한 번에 OK 사인 받는 기획서·제안서 쓰기》. 랜덤하우스코리아.

윤영돈(2021). 《기획서 마스터》. 예문.

자일스 루리(2006). 《시장조사의 기술》. 구자룡 옮김. 리더스북.

tableau. 근본 원인 분석 페이지. https://www.tableau.com/ko-kr/learn/articles/root-cause-analysis

07
실현 가능성을 갖춘 해결책 제안하기

기획서의 성패는 어떻게 문제를 해결할 것인가에 달렸다. 단순한 아이디어 제시에 그치지 않고, 실행 가능한 수준으로 구체화하는 과정이 필요하다. AI 에이전트와 협업하여 아이디어를 확장하면서 실현 가능한 해결안을 도출한다. 해결책은 현실성과 효과성을 동시에 갖춰야 하며, 이해관계자의 공감을 이끌면 최고다.

AI와 애니메이션?

해결안은 Plan B까지 준비하라

실현 가능성을 갖춘 해결책이란 AI가 자동으로 만들어 준 아이디어를 고르는 것이 아니다. AI 에이전트와 함께 지금, 여기서, 실제로 움직일 수 있는 설계로 다듬은 결과다. 해결책은 아이디어 차원이 아니라 의사 결정안이 되어야 한다.

- 이 해결안이 핵심 원인을 직접 건드리는가?
- 실행했을 때 결과가 검증 가능한가?
- 대안 대비 가장 효과적인가?
- 실행 리스크는 관리 가능한가?

기획서의 핵심은 결국 '무엇을 어떻게 해결할 것인가'에 있다. 앞선 단계에서 문제를 정의하고, 배경과 원인을 분석하며, 현상을 파악했다면 이제 기획자는 해결책을 제시해야 한다. 해결책 제안은 현실에서 실행 가능한 전략을 설계하는 과정이다. 많은 기획서가 이 단계에서 설득력을 잃는 이유는 해결책이 모호하거나 이상적이기만 하거나 실행 가능성이 낮기 때문이다. 해결책은 '좋아 보이는 것'이 아니라 '실제로 가능한 것'이어야 한다.

- “이 기획서의 해결안이 맘에 들지 않는데요?”
- “네~ 그럴 줄 알고 Plan B를 준비했습니다!”
- “철저하게 준비하셨군요. 신뢰가 가는데요.”

기획서를 준비하면서 해결안을 한 가지만 달랑 준비하는 사람이 있다. 하지만 그 기획이 맘에 들지 않으면 곧바로 거절되는 것이다. 기획서에서 ‘Plan B’란 ‘Plan A’가 성공하지 못할 경우에 진행할 계획을 말한다. 그러니까 최선책을 ‘Plan A’라고 부르고, 차선책에 ‘Plan B’라는 용어를 쓰는 것이다. 해결안을 하나만 제시하면 상대방은 그 해결안만 선택할 수밖에 없지만 두 가지 이상의 해결안을 제시하면 상대방이 선택할 수 있는 선택권을 주는 것이다. 기획서에서 구성 요소의 정점은 해결 방안 제시다. 파악된 문제를 해결할 수 있는 방안을 제시하는 것이야말로 합리적으로 설득시킬 수 있는 지름길이다.

최근 소비자 행동 연구에서 선택지가 과도하게 많을수록 오히려 의사 결정이 힘들 수 있다. 예산을 우선할 것인지, 효과를 중시할 것인지가 선택 과정에서 명확해진다. 해결책은 다음 조건을 충족해야 한다. 하나의 방안만 제시할 것이 아니라 최선책, 차선책 등 2가지 이상의 옵션을 제공해야 선택의 폭을 넓힐 수 있다.

해결 방안은 전략적인 옵션을 제공하라

문제 해결 방안은 전략적인 접근이 필요하다. 하나의 방안만을 제시하면 결정권자의 의견이 배치되거나 강요하는 듯한 인상을 줄 수도 있으므로 주의할 필요가 있다. 각 옵션의 장점과 단점, 선택 기준 등을 미리 준비하여 판단을 도와야 한다. 해결 방안을 2가지 제시해야 한다.

해결안 설계는 가설을 세우고 검증해 살아남은 안만 실행해야 한다. 가설을 정교화하고 선택 사항을 정해야 하는 것도 이때다. 어떤 해결 방안을 제시한다는 것은 그만큼 좋은 아이디어가 뒷받침될 때 가능하다. 해결 방안 도출에서 요구되는 역량 중 하나는 바로 아이디어 발상과 정보 구성 능력이다. 수준 높은 정보와 지식으로 공들여 준비한 해결 방안도 채택되지 않으면 그 가치는 반감되고 만다. 어떻게든 전략적으로 의사 결정권자를 설득시켜야 한다.

장기적인 해결 의지에 달려 있다

단기 · 중기 · 장기 구조 개선안으로 구분해야 한다. 어떤 해결 방안이든 문제점을 안고 있다. 약간의 문제가 개선되었든 전체적인 대안이 되었든 간에 몇 가지 결점은 있게 마련이다. 그 결점을 일부러 감추지 말아야 한다.

오히려 미리 유의할 점을 알려주면 신뢰성이 높아진다. 실시 단계에서 나올 반대 의견을 미리 예상하고 그것에 대한 설득 논리를 확보한다는 의미도 있다. 해결 방안 도출은 이와 같이 그 방안에 대한 결점까지도 예측하는 것이어야 한다. 많은 회의와 토의가 필요한 것은 물론이다. 반드시 이 과정을 거쳐야만 기획에 맞는 전략을 수립해서 큰 성과를 거둘 수 있다. 물론 이때 리스크는 철저히 파헤쳐야 한다. 해결 방안을 도출하려면 안목이 필요하고, 안목이 바로 해결 방안의 가치를 높여 주는 요소라고 해도 과언이 아니다. 장기적으로 해결 방안을 찾을 정도로 몰입하지 않으면 안 된다. 그러므로 해결 방안을 도출하는 것은 문제 해결에 대한 의지에 달려 있다. 해결을 원하는 마음이 절실하면 절실할수록 문제 해결에 가까이 있는 것이다. 일단 선택한 해결 방안은 끝까지 밀어붙여야 한다.

대안 대비 가장 효과적인가?

해결 방안 도출은 기획의 성공 여부를 결정하는 중요한 사안이며 이를 위해서는 때와 장소를 가려서는 안 된다. 자칫 확산시키다 보면 문제 해결에 대한 진척이 전혀 없어 보일 수도 있다. 어느 정도 아이디어를 확산시켰다면 가장 핵심적인 아이디어를 선택해야 한다. 먼저 알을 깨고 나온 새끼들이 중요하듯 생각을 집중시켜 모습을 갖출 필요가 있다. 어느 날 문득 아이디어의 영감이 떠오르듯이 순간적으로 알을 깨고 나온 아이디어를 포착해야 한다.

해결안은 아이디어만으로 안 된다!

기획은 아이디어를 먹고 산다. 아이디어 없이 기획이 안 된다는 말이다. 아이디어를 내려고 해도 통 떠오르지 않아 책상머리에서 몇 시간씩 골머리를 썩는다. 인간의 두뇌 능력은 일상생활에서 쓸수록 발전하게 된다. 실제로 기획자 중에는 아이디어마저 외워서 하려는 사람이 있다. 그 사람은 그것 이외에는 잘 소화가 되지 않는다.

기획은 단순히 순간적인 아이디어에서 시작될 수 있지만, 반짝이는 아이디어만으로는 기획이 성공할 수 없다. 기획 아이디어는 두뇌의 긴장과 이완, 아이디어 발산과 수렴 등을 통해서 다듬어지는 것이다. 하나의 프로젝트를 위해서 어떻게 달성할 것인가라는 물음에 몰두하는 자세가 필요하다는 말이다. 포기할 때쯤 번뜩이는 아이디어가 떠오른다고 한다. 막연히 '나는 아이디어가 없어서 기획이 안 돼'가 아니라 항상 머리를 굴릴 준비가 되어 있는 사람만이 기대 이상의 좋은 결과를 얻을 수 있다.

"무엇이 불편한가?"가 아니라 "왜 그렇게 행동했는가?"에 초점을 둔다. 예를 들어 "학생의 페인포인트 5가지에 각각 대응하는 해결책을 구성해 줘"라고 하면, 사용자 경험을 기반으로 한 해결 전략이 제시된다.

실제 기획자들이 가장 어려움을 느끼는 지점은 좋은 해결책을 실행 가능한 수준으로 구체화하는 과정이다. 추상적인 아이디어는 공감을 얻을 수는 있어도, 설득력을 갖기 어렵다. 해결책은 '어떤 활동을 언제, 누가, 어떻게 수행할 것인지'까지 명확히 정의될 때 비로소 힘을 갖는다.

해결안은 실행 가능이 검증되는가?

AI 에이전트를 활용할 때 실행 가능성을 검증을 해야 한다. 예를 들어 이 해결책을 실행하기 위한 주요 단계와 필요한 자원이 무엇인가? 누가 실제로 움직일 수 있는가? 인력, 권한, 역할 분담 등은 실행 주체가 명확하지 않으면 해결안이 아이디어에 그칠 수 있다. 언제까지 지속 가능한가? 초기 실행 가능성과 중장기 유지 가능성을 동시에 판단할 수 있다. 잠재적 리스크가 있는가? 문제 발생 시 대응 시나리오가 있는지를 확인해야 한다.

자원이 없는 해결안은 실행이 불가능하며, 권한과 역할이 불명확한 해결안은 중단 위험이 있으며, 리스크의 고려 없는 해결안은 재작업 확률이 높아진다.

기획자는 이 결과를 바탕으로 현실 여건에 맞는 판단과 조정을 수행하면 된다. 특히 역할과 책임을 명확히 구분하는 'R&R(Role & Responsibility)' 설정은 필수적이다. 동시에 실패 가능성을 전제로 리스크 지점을 먼저 드러내는 접근이 필요하다. 이러한 과정을 거쳐야 해결책은 선언이 아니라 실제로 실행 가능한 기획으로 완성된다.

참고문헌

니시다 도오루(2006). 《기획·제안서 작성 기술 200 무작정 따라하기》. 김혜숙 옮김. 길벗.

윤영돈(2008). 《한 번에 OK 사인 받는 기획서·제안서 쓰기》. 랜덤하우스코리아.

윤영돈(2021). 《기획서 마스터》. 예문.

Iyengar, S. S. & Lepper, M. R.(2000). When choice is demotivating: Can one desire too much of a good thing?. *Journal of Personality and Social Psychology, 79*(6), pp.995~1006.

08
바로 실행 가능한 계획 수립하기

기획은 실행으로 이어질 때 비로소 가치를 가진다. 실행 계획은 기획서의 내용을 현실로 전환시키는 연결고리다. 아무리 논리적으로 완성도 높은 기획이라도 실행 단계가 설계되지 않으면 현실에서는 작동하지 않는다. AI 에이전트를 활용하면 실행 계획에는 구체적인 타임라인, 역할 분담, 자원 배분 등이 정교하게 설계되어야 한다.

AI와 인재 채용?

기획은 실행으로 이어질 때 완성된다

아무리 좋은 기획서라고 하더라도 실행하지 않으면 쓸모없다. 기획서의 가치는 실행할 때 비로소 높게 평가된다. 실행 계획은 꼼꼼한 문제 분석과 혁신적인 해결책이 있어야 가능한 이야기다. 실행하지 못하는 이유는 자기 규율이 안 되어서 그런 경우가 많다. 구체적인 행동에 전념해야 한다. 계획이 구체적이지 않다면 실제 행동으로 옮기기가 쉽지 않다.

'백워드 스케줄링(Backward Scheduling)'하라

미래를 기준점으로 역산해서 지금 당장 해야 할 일을 선택하는 것이다. 중요한 일보다 긴급한 일을 선택할 가능성이 높아진다. 계획을 실행하지 않으면 아무 일도 일어나지 않는다. 새로운 습관은 지속적인 노력을 통해 확고한 자세를 필요로 한다. 이탈하지 않도록 주지하며 교정 행동을 취해야 한다. 좋은 평가를 위해서 최소한 3개월이 필요하며 1년 이후에 할 경우가 더 좋다. 주변 사람들에게 동의를 얻어내도록 노력하는 것이다.

실행 계획은 '누가, 언제, 무엇을, 어떻게' 할 것인지 구체적으로 밝혀야 하며, 이 계획이 현실적인지, 조직 여건에 맞는지, 일정과 자원이 가능한지까지 고려해야 한다.

실행 계획은 시작점과 종료점을 확실히 명기하라

기획서에서 가장 구체화 되는 요소가 바로 실행 계획을 짜는 순간이다. 시간별로 상세하게 짜인 계획 일정이 실현 가능성이 높아진다. 간트 차트나 타임 테이블로 보여줄 때 이해도가 높아지면서 실행력도 좋아진다. 간트 차트는 주로 PM 관점에서 유용하게 세부 일정을 짤 때 유용하고, 타임 테이블은 의사 결정자 관점에서 리스크를 통제하기 쉽다. 타임 테이블은 실제 실행을 전제로 "언제, 누가, 무엇을 할 것인가"를 구체적으로 나타내는 의사 결정 도구다. 실행 단계에서 약속을 강화해서 행동을 바로 촉발하는 역할을 한다. 목적, 목표, 대책 등 추상적인 것을 구체화하려면 세부 실행, 예산, 비용 등을 꼼꼼히 기록한다. 일정표를 잘 짤수록 리스크를 줄일 수 있다.

먼저 데드라인을 명확하게 결정하라

실행 계획은 해결 방안을 구체적인 행동으로 전환하는 단계다. '언제까지'가 없는 계획은 실행으로 이어지지 않는다. 착수일과 완료일을 분명히 기록해야만 책임감도 부여된다.

데드라인은 특정 과업이 반드시 완료되어야 하는 명확한 시점을 말한다. 데드라인이 정해지면 우선순위가 분명해지고, 언제 시작해서 언제까지 마쳐야 하는지가 한눈에 보이는 실행 계획표를 설계할 수 있다. 실행 계획에서 데드라인은 단순한 일정 관리 수단이 아니라 의사결정과 자원 배분을 강제하는 기준점이다. 데드라인이 없는 과업은 쉽게 뒤로 밀리고 결국 실행되지 않는다.

스타트 데드라인을 설정하라

실행 계획의 핵심은 스케줄이다. 무엇을 언제 시작해서 언제까지 끝낼지 명확해야 한다. 데드라인만 있으면 안 되고 '스타트 데드라인(Start Deadline)'이 있어야 한다. 스타트 데드라인은 시작 마감일로 언제까지 반드시 시작해야 함을 강조한다. 촉박한 마감에 쫓기지 않도록 계획하는 데 중요한 개념이다.

예를 들면 도서 출간의 경우, 원고 청탁에서부터 저자 구성 및 목차, 자료 수집 및 집필, 원고 검토, 수정 집필, 편집, 인쇄 및 홍보 기획, 판매에 이르기까지 출간에 따른 세부적인 계획을 구체화해야 한다. 세부 실행 계획에서 요구되는 것은 꼼꼼함과 실행력이다. 세부 실행 계획 위에 이것저것으로 시뮬레이션을 해 봐서 과도한 무리수가 없는지 미리 주의해야 한다.

예산을 명확하게 밝혀라

무엇보다 중요한 것은 예산 확보다. 사전에 책정한 '사용 가능 한도'이자 계획된 금액이다. 무엇을 위해 얼마까지 쓸 수 있는지를 미리 정해 둔 기준선이다. 아무리 큰 성과를 낸다고 하더라도 비용이 너무 많이 들면 소용없다. 비용은 실제로 발생했거나 발생할 '지출 금액'이다. 실행 과정에서 투입된 현실적인 비용을 의미한다. 기획서에서는 예산으로 실행 가능성을 판단하고, 실행 이후에는 비용으로 성과와 효율을 평가한다.

기획서의 예산은 예상 수익과 비용, 손익 분기 등이 중요하다. 기획 단계에는 세부적인 전략들이 수립되며 이러한 전략을 바탕으로 대략적인 전술을 수립하고 전술을 예산에 반영함으로써 실천력을 강화시킨다. 이때 발생할 수 있는 위험에 대비해 예비비까지 고려해야 한다.

결정권자들은 예산에 매우 민감하다. 그렇기 때문에 기획서에서 비용에 관해서는 한 치의 오차도 있어서는 안 된다. 아무리 뛰어난 기획안이라고 하더라도 비용상 오차가 있으면 결정권자들은 신뢰성에 의문을 품는다. 세부 일정과 예산을 맞추어보면서 충분히 재검토하고, 눈에 잘 띄지 않는 기회 비용까지 따져 봐야 한다. 아울러 기획안을 작성할 때 단가 · 수량 등 자세한 견적서를 첨부하면 훨씬 설득력을 얻을 수 있다.

각각의 역할 분담이 중요하다

이상의 계획들이 수립되면 각자의 실천만이 남는다. 이때 가장 중요한 것은 팀워크와 각자의 역할 분담이다. 여러 부서나 담당자의 협력이 필요할 때 협조를 구하지 못하면 실현하기 힘들다. 따라서 기획서 안에 이미 각자의 역할 분담이 되어 있다면 그만큼 실현 가능성이 높아진다. 역할 분담을 하지 못해서 서로 책임을 회피하면 전부 무용지물이 되어버리기 때문이다. 따라서 처음부터 충분한 토의를 통해 역할을 구분해 두어야 한다.

실행 단계에서 가장 큰 문제는 '누가 무엇을 하는지' 불명확한 경우다. 기획자, 수행자, 검토자, 의사 결정자 등이 명확히 구분된 구조를 제시한다. 이는 실행 단계에서 혼선을 줄이는 핵심 요소다.

역할 분담은 각각의 역할에 맞는 일, 전문 영역, 작업량, 처리할 업무, 기한 등을 종합적으로 감안하여 결정해야 한다. 역할 분담을 할 때는 너무 한 사람에게 일이 몰리지 않도록 각별하게 신경 써야 한다. 아무리 각각의 역할에 맞게 처리할 업무를 분담했다고 하더라도 누군가는 불만을 갖게 마련이므로 불만을 최소화하기 위해 노력해야 한다.

실행할 때 매몰 비용 효과(Sunk Cost Fallacy)가 강하게 작용하는 경우가 많다. 이미 투입한 시간과 노력, 비용이 아깝다는 생각이 합리적 판단을 지배하며, 더 이상의 손실을 막기보다 기존 선택을 정당화하려는 방향으로 의사 결정을 왜곡한다. 이는 대표적인 인지적 오류(Cognitive bias)다. "전략의 본질은 무엇을 하지 않을지를 선택하는 데 있다"고 마이클 포터는 말했다. 포기하는 것도 전략이다.

실행 가능성은 자원의 뒷받침이 있을 때 확보된다. 필요한 인력 규모, 예산 범위, 도구 및 시스템까지 구조화할 수 있다. 기획자는 이를 기반으로 실제 예산과 조직 상황에 맞게 조정하면 된다. 실행 계획 수립은 기획자의 실전 감각이 돋보이는 단계다.

그러나 AI의 역할은 이 과정에서도 기획자가 놓칠 수 있는 요소들을 찾아내는 데 매우 유용하다. 일정, 역할 분담, 필요 자원, 리스크 관리 등을 빠르게 구성할 수 있다. 기획자는 이 구조를 기반으로 실제 조직 상황에 맞게 수정하면 된다.

기획서는 '무엇을 할 것인지'를 설명하는 문서다. 그래서 실행 계획은 마치 설계도와 같다. 설계도가 모호하면

건물을 짓기가 어렵다. 행동 계획을 수립하고 실행에 옮기는 단계에서 정기적인 점검과 보강을 하는 것 또한 매우 중요한 활동이다. 분기별로 시간 기록표를 작성하는 게 바람직하다. 자신이 어떻게 하고 있는지 점검하기 위해서다. 시간 기록표를 작성하면서 지속적으로 실행할 수 있도록 도와준다.

시간을 잘 관리하는 방법을 배우면 다음과 같은 혜택을 얻는다. 스트레스 감소, 생산성 향상, 목표 달성, 일과 삶 사이의 균형 등이 능숙한 시간 관리는 조직에서도 엄청난 실적 향상을 가져온다.

"3개월 안에 실행하기 위한 일정표를 만들어 줘."

3개월 스케줄뿐 아니라 주요 산출물, 담당자 역할, 체크포인트까지 포함한 실행 계획을 세워야 한다. 실행 계획의 리스크를 예측하고 대응 방안을 제시해야 한다. 잠재적 문제와 대책도 얻을 수 있다. 기획자는 이를 참고해 현실적이고 안정적인 실행 계획을 구성할 수 있다.

실행 단계에서는 어떤 결과물이 만들어지는지가 중요하다. 산출물이 명확해야 성공 여부도 명확해진다. 보도자료, 보고서, 파일, 운영 매뉴얼 등 주요 산출물을 단계별로 기록해 둔다.

한꺼번에 여러 가지 일을 하려는 욕심을 내려놓아야

한다. 멀티태스킹 상황에서 벗어나야 한다. '해야 할 일'을 뒤로 미루는 사람들이 많다. 적절하게 위임하지 않고 혼자서 다하려고 한다. 크게 중요하지 않지만, 매우 급한 일은 내가 직접 하지 않고 다른 사람에게 위임한다. '하지 않아도 될 일'을 안 할 수 있어야 여유 시간이 생긴다. 다른 사람의 부탁을 거절하지 못하고 받아들이다 보면 나중에 시간이 없어서 정작 자신의 일을 하지 못한다. No라고 말한다면 실행하기 쉬워진다. 거절을 못하는 것은 자신의 결정에 책임지기 싫기 때문이다. 주변 정리를 못하고 산만하게 일을 하다 보니 일의 품질이 높지 않을 수 있다.

분명하게 짧게 거절하라. 정중하면서도 침착한 태도와 냉정한 목소리를 유지해야 한다. 정중하게 거절하되 여운을 남기지 말아야 한다. 자신의 시간 낭비로부터 보호하는 것이 자신을 지키는 것이다.

실행 리스크를 분석해야 한다. 프로젝트에서 발생할 수 있는 리스크를 리스트업하고 대응 방안을 제시한다. 실행의 성과를 검토하기 위해서는 중간 점검을 한다. 예상되는 장애물과 대처 방안을 빠르게 확보할 수 있다. 모든 실행 과정에는 리스크가 존재할 수밖에 없다.

실행계획 수립용 정교화 프롬프트

[역할]

너는 대학 혁신 비교과 프로그램을 실제로 운영해 본 경험이 있는 실행 계획 설계 컨설턴트다. 아이디어를 문서가 아닌 "운영 가능한 실행 계획서"로 만드는 것이 목표다.

[사례 맥락]

- 대상: 대학 혁신 비교과 프로그램.
- 문제: 학생 참여율이 낮고, 프로그램 체감 가치가 부족함.
- 목표: 경험 기반 프로그램으로 재설계하여 참여율과 만족도를 동시에 개선.
- 전체 운영 기간: 12주.

[미션]

12주 안에 실행 가능한 비교과 프로그램 실행 계획서를 작성하라.

[출력 형식]

① 주차별 실행 타임 테이블 표.

② 역할별 책임 요약 표.

③ 자원 · 예산 항목 리스트.

[작성 원칙]

- 추상적 표현은 사용하지 않는다.
- "누가, 언제, 무엇을" 바로 알 수 있게 쓴다.

- 실제 대학 현장에서 조정 · 확장 가능한 구조로 설계한다.

참고문헌

니시다 도오루(2006). 《기획·제안서 작성 기술 200 무작정 따라하기》. 김혜숙 옮김. 길벗.

앨릭 메켄지(2006). 《타임전략》. 이진원 옮김. 리더스북.

윤영돈(2008). 《한 번에 OK 사인 받는 기획서·제안서 쓰기》. 랜덤하우스코리아.

윤영돈(2021). 《기획서 마스터》. 예문.

이민규(2011). 《실행이 답이다》. 더난출판.

Porter, M. E.(1996). What Is Strategy?. *Harvard Business Review, 74*(6), pp.61~78.

09
챗GPT가 작성한 기획서 문장 다듬기

AI가 생성한 문장은 어디까지나 초안에 불과하다. 기획서를 완성도 높게 만들기 위해서는 문장의 흐름과 표현을 사람이 직접 다듬는 과정이 필요하다. GPT의 문장 구조는 잘 짜여 있지만 맥락이나 설득력 면에서 약하기 때문에 작성자의 재작성이 요구된다. 핵심 메시지를 분명히 하고, 기계적으로 느껴지는 문장에 온기를 불어넣어 자연스럽게 살리는 편집이 중요하다.

기획서의 문장을 어떻게 다듬을 것인가?

기획서에서 가장 좋은 문장은 어떤 문장일까? 상대방이 읽고 설득되는 문장이다. 반대로 가장 나쁜 문장은 어떤 문장일까? 바로 따분하고 지루한 문장이다. 그래서 기획서의 문장은 진부한 표현을 쓰지 말아야 한다.

기획서의 문장은 술술 익히게 하는 것이 목적이다. 읽는 독자가 계속 읽고 싶은 문장을 만들어야 한다. 누가 읽을지 한 사람을 머릿속에 떠올려 보자.

문장 수정은 전체적인 수정에서 세부적인 수정으로 하는 것이 좋다. 기획서의 문장을 수정할 때는 분량을 확인하면서 해야 한다. '글자수 세기' 사이트를 이용하면 편리하다. 분량을 줄이면서 활용하면 무엇이 중요하고 무엇이 중요하지 않은지 일목요연하게 파악할 수 있다.

초고를 작성할 때 예상 원고보다 20% 정도 여유 있게 쓰는 것이 요령이다. 전체 초고의 20% 정도 불필요한 것을 삭제하면 문장이 간결해진다. 기획서의 문장은 가지치기가 핵심이다. 글을 끊임없이 평가해서 가지치기하고, 핵심 어휘를 중심으로 경제성을 고려하여 글을 삭제한다. 문장은 더 이상 뺄 것이 없을 때 완성된다. 중복과 군더더기를 제거해 문장의 밀도를 높인다.

기획서의 문장 5가지

1. 두괄식 문장으로 바꿔라

"그래서 뭘 어쩌라고요?"

서론, 본론, 결론 순서대로 이야기하면 비즈니스 상황에서는 지루하게 느껴진다. 미괄식보다 두괄식(頭括式)이 비즈니스 문장에 제격이다.

"하고 싶은 말이 뭔데?"

단도직입적으로 결론을 앞에 배치해 읽는 이의 관심을 집중시켜야 한다. 글을 처음 읽었을 때 바로 지루함을 느끼면 아예 읽으려고도 하지 않기 때문이다. 결과나 결론을 먼저 쓰고 뒤에 부연 설명을 하면 물 흐르듯 자연스럽다.

2. 한 문장이 너무 길면 쪼개라

불필요한 사족(蛇足)이 걸림돌이다. 군더더기 표현을 빼야 문장이 살아난다. 장문을 단문으로 짧게 쓰고, 짧게 써야 힘이 있고, 힘이 있어야 잘 읽힌다.

장황한 문장은 독자를 지루하게 만든다. 글을 소주제별로 짧은 문단으로 나누면 훨씬 의미 파악이 쉽게 된다. 문단이 짧으려면 문장도 짧아야 한다. 문장 길이를 짧게 유지하는 기법은 '하나의 문장, 하나의 메시지만 담는 것(One Sentence, One Message)'이다.

3. 추상적 단어를 구체적 단어로 바꿔라

고온의 장소에 두지 마시오 → 섭씨 80도 이상에는 보관하지 마시오.

기획에서 모호함은 실행을 할 수 없게 만든다. 문장을 추상적으로 서술하면 애매해진다. 구체적인 수치나 사례가 분명해야 설득력이 생긴다.

기획서를 읽는 독자는 정보, 사실, 특징 등의 구체성에 관심이 많다. 이들은 개념, 가치, 의미 등 추상적인 내용에 대해서는 회의적으로 생각한다. 되도록 정확하게 전달할 때는 적확(的確)한 용어를 사용해야 한다.

4. 수동태를 능동태로 바꿔라

기획서의 문장은 행위 주체를 중심으로 문장을 기술해야 한다. 가능하면 수동태로 쓰지 말고 능동태로 쓰는 것이 좋다. 행위 주체를 중심으로 문장을 기술해야 한다.

예) 이번 주 목요일에 프로젝트팀 미팅이 마련됩니다 → 프로젝트팀 미팅은 이번 주 목요일에 열립니다.

예) 자아를 실현시키기 위하여 → 자아를 실현하기 위하여.

피동은 주체가 숨어버리기 때문에 행위자가 누군지 알 수 없다. 자신이 없어 보이니 설득력이 약하다. 주체를 알 수 없게 되면 읽는 이가 핵심을 놓치게 된다. 게다가 책임을 지지 않고 자꾸 회피하려는 인상을 주기 때문이다. 능동문은 문장 속에서 주어가 스스로 주체가 되어 어떤 동작을 수행하기 때문에 기획서에서 많이 사용한다.

5. 복잡한 문장을 쉬운 문장으로 써라

기획서 문장은 꼭 서술식으로 쓸 필요가 없다. 개조식으로 쓰면 더욱더 간결하면서도 쉽게 전달된다.

기획서를 읽는 사람들은 바쁘다. 시간을 소비하지 않고 빨리 알아볼 수 있도록 전체 내용을 단어로 나타내어야 한다. 문장을 어떻게 하면 더욱 간단명료하게 할 수 있는가? 한 가지 방법은 중복을 피하는 것이다.

초보 문장의 티는 '문장력 부족'이 아니라 '관련 내용 이해 부족'에서 드러난다. 기획자가 해야 할 일은 문장을 예쁘게 고치는 것이 아니다. 이 문장에 '나의 의사 결정이 들어 있는가?'를 묻는 것이다. 자기 생각이 없는 상태에서 무조건 프롬프트를 쓴다고 좋은 문장이 딸깍 나오지 않는다. 어떤 문장을 읽고 자신의 감정에 닿았다면 감탄만 하지 말고 그 문장의 어느 부분이 움직이게 했는지 이유를 꼭 기록해 두자.

기획서의 문장을 3단계로 다듬기

제출 시점이 임박해서 내려고 하면 실제로 문장의 품질이 좋지 않아서 못 내는 경우도 많다. 사전에 교정 시간을 거쳐야 불상사를 막을 수 있다. 특히 AI가 만든 문장은 논리적으로 흐름이 있지만, 때로는 지나치게 일반적이고 기계적이다.

참고로 AI 활용 오타 기능에 너무 의존해서는 안 된다. '부산대 맞춤법 검사기'는 이렇게 고치는 게 더 자연스럽다는 대안을 제시한다. 문서 작성 프로그램의 맞춤법만 믿고 있다가는 오류가 생겨날 가능성도 많다.

문장 다듬기는 3단계로 나눌 수 있다. 교정, 교열, 윤문 등 문장 표현 다듬는 방법을 활용해 품질의 수준을 올린다.

문장 교정 방법

기획자는 문장을 읽을 때 큰 덩어리로 보면 오자나 탈자가 잘 보이지 않는다는 단점이 있다. 적당량으로 나눠서 보면 잘 보이기 시작한다.

- 문장 길이와 논리 흐름 조정.
- 불필요한 문장 및 중복 표현 삭제.
- 핵심 메시지를 중심으로 재배열.

교정(校訂)이란 문장에서 잘못된 글자를 바르게 고치는 것을 말한다. 오자(誤字), 탈자(脫字), 오류(誤謬), 탈루(脫漏) 등 잘못되거나 빠뜨린 글자를 수정하는 것이다.

기획서 문장의 수정은 마치 화장을 고치듯 해야 한다. 결혼을 앞둔 신부가 신랑을 맞이하기 전에 최대한 아름답게 보이기 위해서 여러 번 손질을 하듯이 말이다. 여러 번 수정한 뒤 최종 수정본을 저장시킨 뒤 인쇄해 두는 것이 좋다. 그래야 교정하면서 과정을 알 수도 있고, 그것을 통해서 문장력의 향상을 느낄 수도 있기 때문이다. 여러 번 문장을 손질해야 수준 높은 글이 나온다는 사실을 기억해야 한다.

문장 교열 방법

교열(校閱)은 원고의 내용 가운데 문제가 될 만한 내용이 있는지 확인하고 잘못된 것을 바로잡아 고치며 검열

하는 작업이다. 언어의 역할은 전달이다. 아무리 좋은 내용이라고 하더라도 전달에 용이한 방향으로 끊임없이 변화되고 진화되어 왔다. 단어 하나를 놓고 글이라고 하지는 않는다. 적어도 글이라고 하면 뜻을 담은 문장을 말한다. 교열이라고 하면 문법에 맞는 글을 쓰는 것에 만족하지 않고 내용을 잘 전달하고 있는지를 고려해야 한다.

① 21세기 라이프 스타일의 변화에 큰 영향을 끼친 것은 무엇일까 생각해 보면, 그중에 사람들과의 갈등과의 그로 인한 인간에 대한 미움과 불안, 그리고 스트레스에서 벗어나 마라톤은 현대인에게 소중한 스승이다.

② 21세기 라이프 스타일의 변화에 따라 사람들과의 갈등이 생겼다. 그 때문에 인간을 미워하고 불신하였다. 그래서 스트레스에서 벗어나게 도와주는 마라톤은 현대인에게 소중한 스승이다.

①은 문장이 길고 내용이 자연스럽게 연결되지 않는데 비해, ②는 문장을 짧게 나누고 문장의 오류를 고쳐 의미 전달을 명확하게 했다.

글의 표현만 생각하지 말고 글의 내용을 구성하면서 문장을 수정해야 한다. 너무 만지작거리면 나중에는 처음 생각했던 착상과 멀어져 간다.

인쇄 원고일 경우 작성이 끝나면 교정과 편집을 거쳐 인쇄소로 넘어가고, 이곳에서 조판이 되면 초벌 교정지가 나온다. 이때 틀린 것을 교정하는데 이것을 인쇄 교정이라 한다.

문장의 윤문 방법

문장을 매끄럽게 다듬는 것을 윤문(潤文)이라 한다. 일반적으로 윤문을 하는 경우가 많다. 어떻게 글을 매끄럽게 할까? 매끄러운 글은 쉽고 빠르게 전달되는 문장들로 이루어진다. 문장이 의미 전달에 용이하도록 단어와 어순 등을 골고루 살피는 것이다.

윤문이라고 하면 부정적인 관념을 갖고 있는 사람들도 많다. 기교만 많이 부린 문장이 난무할 수 있는 것도 윤문에 부정적인 이유 중 하나다. 멋 부린 문장이 중요한 것이 아니라 쉽게 전달하는 것이 중요하다. 현학적이거나 화려한 문장보다는 초등학생도 이해하기 쉽도록 작성해야 한다. 잘 읽히는 문장을 쓰는 사람들의 공통점은 글을 꾸준히 쓴다는 것이다. 신선도가 떨어지기 전에 초고를 쓰고, 먹기 편하게 잘라줘야 독자가 잘 읽는다. 문장을 눈으로 읽지 말고 소리 내어 읽으면 오자나 탈자를 좀 더 줄

일 수 있다. 쫄깃한 문장은 그만큼 공이 들어간다.

기획용, 보고용, 제안용, 교육용, 대중용 등 활용 목적에 따라 문체와 설명의 밀도는 달라질 수밖에 없다. 기획자는 문장을 읽고 이해하고 공감할 수 있는 문서로 재탄생시키는 역할을 수행한다.

기획서에 숨어 있는 오자나 탈자로 인해 수난을 겪는 경우를 종종 볼 수 있다. 특히 중요한 기획서의 경우에는 치명적 타격을 주기도 한다. 오자나 탈자는 자칫 경솔함으로 여겨져서 기획서의 신뢰성을 떨어뜨리는 역할을 한다. 비즈니스 문서에서 오류가 적다는 것은 그만큼 신뢰성을 부여해 준다.

기획서에서 문장 밀도를 높인다는 것은 기획자의 사고를 선명하게 드러내는 일이다. 중복과 군더더기를 걷어낼수록 기획서는 짧아지는 대신 더 강해진다.

참고문헌

가나가와 아키노리(2020). 《마케터의 문장》. 김경은 옮김. 인플루엔셜.

니시다 도오루(2006). 《기획·제안서 작성 기술 200 무작정 따라하기》. 김혜숙 옮김. 길벗.

윤영돈(2008). 《한 번에 OK 사인 받는 기획서·제안서 쓰기》. 랜덤하우스코리아.

윤영돈(2021). 《기획서 마스터》. 예문.
Harvard University. Guidelines for using ChatGPT and other Generative AI tools at Harvard. https://provost.harvard.edu/guidelines-using-chatgpt-and-other-generative-ai-tools-harvard

10
간결한 1페이지 기획서 완성하기

기획서의 진가는 결국 의사 결정권자의 손에 달려 있다. 장황하게 설명하려 애쓰기보다 핵심만 담긴 1페이지로 빠르게 전달하는 것이 더 효과적이다. 이런 문서는 발표에도 최적화되어 있어, 의사 결정 시간을 단축시키는 데 유리하다. AI를 활용해 명확한 문장을 제시하면 한 번에 OK를 받을 가능성이 높아진다.

AI와 미래 의사?

의사 결정자는 한 장으로 판단한다

기획서를 한 장으로 쓸 수 없다면 아직 제대로 이해하지 못한 것일 수도 있다. 아무리 자세하고 정교한 기획서라도 핵심이 흐려지면 읽는 사람의 판단을 방해한다. 기획서의 최종 목적은 의사 결정을 돕는 데 있다. 기획서를 읽는 사람은 보통 바쁘다. 특히 의사 결정권자는 많은 문서를 빠르게 살펴야 하기 때문에, '짧고 정확하게 핵심을 전달하는 능력'은 기획자의 경쟁력이 된다. 이 때문에 최근 많은 조직에서 '1페이지 기획서(One-page proposal)'를 요구한다. 1페이지는 단순히 분량이 적다는 의미가 아니라 기획의 본질만을 꿰뚫어 보여 주는 문서다.

기획서의 문장을 누가 읽는가?

기획서가 완성되기 위해 가장 먼저 정의해야 할 것은 '누가 읽는가'가 아니라 '그 사람이 어떤 역할에서 이 문서를 읽는가'다. 기획서는 별도의 문장 표현이 있으니 그것을 익히는 것이 더 중요하다. 주제를 한정시키기 위해서는 '정의, 지정, 비교, 대조, 분류, 분석, 상설, 부연, 서사 및 묘사'의 방법으로 전개하는 것도 있다. 구체적인 실례를 제시하거나 '원인, 이유, 근거' 등을 제시하는 것이다. 애매모호한 표현을 피하고 이해하기 쉬운 용어와 간결한 문장으로 작성해야 한다.

같은 사람이라도 역할에 따라 문서를 읽는 관점과 판단 기준은 완전히 달라진다. 예를 들어 동일한 팀장이더라도 기획 승인자 역할일 때와 실행 책임자 역할일 때 중요하게 보는 포인트는 다르다.

기획서를 제출할 때는 그 대상이 누군가에 따라 달리 대응해야 한다. 어떻게 상대방을 존중하면서 접근할 것인가? 실무자와 결재권자는 관심부터 다르다. 실무자는 추진 방법이나 전문성에 관심이 많은 반면 결재권자는 매출이나 이익에 더 민감하기 때문에 제출할 때도 이러한 사실을 잘 반영해야 한다. 결재자는 분량이 얇은 것을 선호하는 데 반해 실무자는 분량이 적을 때에는 성의가 없다고 반려하는 경우가 있으니 주의가 필요하다. 무조건 1페이지 기획서가 좋은 것은 아니다.

자신의 유식함을 강조하기 위해 어렵게 작성하는 기획서는 결재권자의 이해를 돕지 못해 결과적으로 결재를 받지 못하는 경우가 생긴다.

실무자일수록 업무의 깊이가 깊고 위로 올라갈수록 깊이는 얕은 대신 업무의 범위가 넓어진다. 기획서에 전문 용어를 많이 사용하거나 '이런 것쯤은 알겠지' 해서 설명을 구체적으로 하지 않으면 최종 결재권자는 서류의 내용을 이해하지 못할 수도 있다. 실무진에서는 약어를 많이 씀에도 원어를 쓰거나 일반적인 용어로 풀어 쓰면 이해하기 쉬운 것을 굳이 약어로 표현하는 것은 피해야 한다. 자신의 지식을 과시하여 상대방을 이해하기 어렵게 만드는 것은 죄악과 같다. 한 번에 OK 사인을 받고자 한다면, 상대방이 누구인지부터 파악해야 한다.

기획서 작성에 앞서 반드시 점검해야 할 3가지

본격적인 기획서 작성에 앞서 반드시 점검해야 할 사항이 있다. '누구에게 전달하는 것인가? 빠르게 작성할 수 있는가? 쉽게 이해시킬 수 있는가?'다. 이를 3S(Sensitive, Speedy, Simple)라고 한다.

1. Sensitive: 누구에게 전달하는 것인가?

어떤 문서든지 누구에게 건네지고, 누가 검토하며, 누가 결정하는지 등 상대가 누군지를 확인할 필요가 있다. 우선 상대와 자신의 관계가 상사인지, 동급인지, 아랫사람인지에 따라 의사소통 방법이 달라지기 때문이다. 기획하는 동안에는 자신의 논리대로 해도 상관없지만 기획서 작성은 상대방의 이해 수준에 맞추어 작성해야 한다. 상대방 입장에서 받고 싶은 기획서를 만들어라. 상대방이 확실해지면 즉시 기획서 만들기에 들어간다. 앞서 말한 구성 요소가 뼈대라면, 구체적으로 문서를 작성하는 것은 거기에 살을 붙이는 것이다. 초고가 다소 엉성하더라도 실망할 필요는 없다. 초고는 단지 시작일 뿐이다. 최종 상태만 완벽하면 되는 것이다.

2. Speedy: 빠르게 작성할 수 있는가?

어떻게 하면 빠르게 초고를 완성할 수 있을까? 기획서는 빠르게 작성해야 한다. 기획서 작성은 속도가 생명이라고 해도 과언이 아니다. 왜냐하면 기획을 둘러싼 주변 여건과 상황은 시시각각 변하기 때문이다. 경쟁 업체의 상황, 시장 상황, 소비자 태도의 변화에 따라 모든 기획적인 요소들은 기획 과정에서도 수시로 변화하고 발전하므로 기획에서 반영한 데이터는 반드시 과거가 아닌 현재의 것이어야 한다. 자칫 꾸물거리다가는 이미 문서에 반영한 데이터가 무용지물이 되기 십상이기 때문에 기획서를 작성할 때는 주어진 시간 내에 작성할 수 있는지도 충분히 고려해야 한다.

3. Simple: 쉽게 이해시킬 수 있는가?

"복잡하게 만들지 말고 핵심만 남겨라(Keep it simple,

stupid).” 이른바 KISS 원칙은 유명하다. 복잡함은 실패의 신호라면 단순함이 완성이다. 좋은 글은 상대방을 가장 쉽게 이해시킬 수 있는 글이다. 산만한 글은 자기가 전달하고자 하는 바를 올바로 전달할 수 없다. 우선 문장이 간결해야 한다. 화려한 표현이나 장식적 문장을 줄이고, 남겨야 할 핵심만을 남김으로써 메시지의 밀도를 높인다. 간결한 문장은 핵심적 내용의 압축과 부수적 내용의 생략으로 이루어진다. 기획서가 간결해지기 위해서는 일단 작성한 문서를 여러 단계에 걸쳐 수정 · 보완하면서 어떤 것이 핵심이고 그를 뒷받침하는 내용은 무엇인지 확실히 파악해서 문서에 반영해야 한다.

가독성(legibility)과 가시성(visibility)은 다르다. 종이에 인쇄하는지 프로젝터에 영사하는지에 따라 다르게 보인다. 가독성은 읽는 것을 중요시하는 것이고, 가시성은 보는 것을 중요시하는 것이다. 보기 좋은 글꼴은 기본적으로 고딕체와 명조체를 사용한다. 고딕체는 짧은 문장이나 단어를 눈에 확 띄게 하는 뛰어난 가시성을 갖고 있다. 제목은 고딕체로 쓰는 것이 원칙이고, 프레젠테이션은 대체로 고딕체를 기본으로 쓴다. 그에 비해 명조체는 읽기가 편하고 뛰어난 가독성을 갖고 있다. 페이지 수가 많은 종이 기획서에서 장문을 읽어야 할 때 사용한다.

페이지 기획서가 거절당하는 이유는 무엇인가?

1페이지 기획서를 잘 만들기 위해서는 무조건 분량을 줄이는 것이 아니라 요약력을 발휘해야 한다. 현황 분석과 자료 조사는 이미 끝났고, 해결책과 실행 계획도 구체화되어 있다면 이제 모든 내용을 한눈에 보일 수 있도록 정리해야 한다. 결재자가 확실하게 판단할 수 있도록 고스란히 근거와 예산이 잘 드러나야 한다.

1페이지 기획서의 7가지 요소

최근 AI 에이전트의 확산으로 화려한 기획서가 양산되고 있다. 따라서 불필요한 것을 빨간 펜으로 과감히 잘라내라. 기획서가 한쪽 분량을 넘으면 그것을 덜어내는 것이다. 단지 분량만 줄인다고 1페이지 기획서가 되지는 않는다.

아마존, 애플, 페이스북 등 글로벌 기업들은 오래전부터 '제로 PPT(Zero PowerPoint)' 원칙을 유지해 왔다. 이들은 형식과 디자인보다 사고의 밀도와 내용의 본질이 조직의 생산성을 좌우한다고 보았다. 불필요한 장식은 제거하고, 핵심 논리만으로 판단을 이끌어내는 문서 문화를 선택한 것이다. 복잡한 정보를 이해하기 쉬운 형식으로 요약하여 팀원들이 맥락을 빠르게 파악하고 더

욱 생산적인 토론을 할 수 있도록 돕는다. 회의 시작 시에 이 문서를 검토하거나 미리 공유하면 시간을 절약할 수 있다.

스토리라인(Storyline)은 기획서에서 줄거리로 핵심 메시지의 흐름을 말한다면, 플롯(Plot)은 이야기의 원인과 결과를 통해 다른 사건에 영향을 주는 구성을 나타낸다. 1페이지 기획서의 공통점은 형용사와 부사를 빼야 한다. 피동적 · 수동적인 표현을 피한다. 쓸데없는 말을 빼는 것이 기본이다. 지나친 정보는 의사 결정을 지연시킨다. AI 시대의 1페이지 기획서에서 가장 중요한 것은 그만큼 정료하게 뺄 것을 빼느냐에 달렸다.

예를 들어 "앞에서 언급한 기획서를 1페이지로 요약하면서 제목, 목표, 목적, 현상, 문제점, 실행 방안, 기대효과 순으로 각각 5행으로 작성해 줘"라고 요청하면 흐름에 맞게 정리해 준다. 이 초안에서 생성한 문장 중에 선택하는 전략적 판단은 오직 기획자의 역할로 남는다.

1페이지 기획서 핵심 7요소

1) 제목: 제목은 글의 성격을 알려주는 헤드라인이다. 마치 신문의 헤드라인과 역할이 같다. 기획이 어떻게 전개될지 한눈에 알 수 있도록 하는 것이 제목이다. 제목만

보고도 무엇을 결정해야 하는지 알 수 있으면 금상첨화다. 제목이 조금 부족하다고 느낄 때 부제를 쓸 수 있다. 부제는 제목 아래에 위치하고 제목보다 약간 작은 글씨로 두 줄이 넘지 않아야 한다.

예) 기존 고객 대상 구독형 시범 운영 기획안.

2) 목표: 기획을 통해 의사 결정자에게 무엇을 달성하는지 명확히 한다. 실행 결과를 판단할 수 있는 상태로 쓴다. 과업이 아니라 성과 중심으로 표현한다. 정량 정성 목표를 함께 제시한다. 목표는 과도한 욕심보다 현실적 범위에서 잡는다.

예)핵심 KPI 달성 여부에 따른 의사 결정 근거 확보.

3) 목적: 무엇을 얻고 싶은가에 초점을 둔다. 목표보다 한 단계 위의 이유를 다룬다. 기획을 추진하는 이유를 밝히는 것이다. 왜 이 기획이 필요한지 설명하는 부분이다. 개인 판단에 머물지 않고 조직적 관점의 흐름을 제시한다. 가치와 방향성을 중심으로 서술한다.

예) 중장기 사업 확장의 선택지를 확보하기 위함.

4) 현상: 현재 벌어지고 있는 일을 사실 중심으로 서술한다. 시점이나 구체적 수치로 기록한다. 현상과 문제를 구분해서 서술한다. 문제 원인을 섣불리 단정하지 않는다. 해석이나 평가 표현은 배제한다.

예) 사용 빈도는 증가했으나 재방문율은 낮음.

5) 문제점: 이 문제를 해결해야 하는 이유를 강조한다. 기회 손실 관점에서 지금 결정하지 않으면 발생할 손실을 강조한다. 현상으로 인해 발생하는 구조적 문제를 정리한다. 해결 가능한 문제로 정리한다.

예) 서비스 이용이 일회성 체험에 그침.

6) 실행 방안: 목표를 어떻게 실행할지 구체적으로 설명한다. 누가, 언제, 무엇을 하는지가 드러나게 정리한다. 범위 대상 방식을 명확히 한다. 단계별 접근을 기본으로 한다. 일정은 판단 시점 중심으로 제시한다. 세부 실행 구조를 보여 준다. 필요한 지원 요소(인력, 시스템, 의사결정)를 명확히 한다. 예산도 숫자로 적고 기회 비용도 따져봐야 한다.

예) 기존 사용자 대상 제한적 파일럿 운영.

7) 기대 효과: 실행을 통해 어떤 변화가 생기는지 명확히 제시한다. 단기 효과와 중장기 가능성을 구분하다. 정량 목표(수치)와 정성 목표(체감 변화)를 함께 제시한다. 기대 효과는 결정 이유다. 이 단계는 해결책을 나열하는 구간이 아니다. 해결의 '원리'와 '방향'을 한두 문장으로 정리하는 구간이다. 기대 효과가 많을수록 설득력이 떨어진다.

예) 전면 도입 여부 판단에 필요한 근거 확보.

AI 에이전트 활용해서 반복되는 키워드와 전략 기조를 추출하고, 기획자는 이를 하나의 방향 문장으로 정제한다. 기획서를 작성했다면 상대방에게 제출하면 된다. 1페이지 기획서가 상대방에게 전달될 때 자신의 아이디어가 현실로 되는 의미도 있지만, 스스로 자신의 프로젝트에 얼마나 헌신적인가가 중요하다. AI 에이전트가 기획서를 잘 만들어주었다고 해도 기획서의 내용이 쭈뼛거린다면 소용없다.

불필요한 부분을 과감하게 삭제해야 한다. 기획서의 중심 내용을 이해시키고 설득하는 데 절대적으로 중요한 문장이 아니라면 지워야 한다. AI 에이전트가 구조 설계와 도식 초안을 빠르게 만들 수 있으나 AI가 만든 것들은 패턴이 있다 보니 기획자는 이를 조직 맥락에 맞게 조정해야 한다. AI 에이전트가 초안을 생성하면 기획자가 마지막으로 마무리해야 한다. 이때 문장의 톤에 기획자의 전략적 사고가 드러난다. 1페이지 기획서는 압축 능력을 가장 잘 드러내는 형식이다.

결국 1페이지 기획서는 기획의 핵심을 확실히 보여 주는 문서다. 문제는 무엇이고, 왜 발생했으며, 무엇을 어떻게 할 것인지, 그 결과 어떤 변화가 일어나는지를 단 한 페이지에 담아낼 수 있다면 그 기획서는 이미 성공한 것이다. 요즘의 기획자들은 새로운 상황에서 빠르게 배우고 배운 것을 즉시 적용하며 경험을 쌓고 있다. '학습 민첩력(Learning Agility)'이 중요해지는 시대에 기획자는 변화하는 환경에 의미를 발견하고 실행하면서 미래의 경험을 설계한다. 1페이지 기획서는 AI 에이전트 시대에 의사 결정의 속도를 혁신하는 가장 실용적인 문서 형식이다.

참고문헌

니시다 도오루(2006). 《기획·제안서 작성 기술 200 무작정 따라하기》. 김혜숙 옮김. 길벗.

윤영돈(2008). 《한 번에 OK 사인 받는 기획서·제안서 쓰기》. 랜덤하우스코리아.

윤영돈(2021). 《기획서 마스터》. 예문.

패트릭 G. 라일리(2002). 《THE ONE PAGE PROPOSAL(강력하고 간결한 한 장의 기획서)》. 안진환 옮김. 을유문화사.

DevPath. A guide to Amazon one pager & six pager. https://www.devpath.com/blog/one-pager-six-pager

윤영돈

국내에 손꼽히는 비즈니스 글쓰기 전문가다. 지혜의탄생 대표이자 윤코치연구소 소장이다. (사)한국강사협회 상임이사, 제249호 명강사 선정, 인사혁신처 채용분과 정책자문위원, 한국코치협회 전문코치(KPC), 커리어코치협회 부회장, 한국생산성본부 강사로 활동하고 있다. 하우라이팅 대표컨설턴트, 문서서식 1위 ㈜비즈폼 기업부설연구소 소장, ㈜선우 콘텐츠 기획자, ㈜유니드파트너스 평생교육원 원장 등 다양한 현장을 경험했다. 단국대학교 일반대학원 박사학위를 받고 단국대학교 종합개발원 초빙교수와 성신여자대학교 경력개발센터 겸임교수를 역임했다. 2002년부터 국내 처음으로 비즈라이팅 실무 정규 과정을 운영하고 있으며, 서울시교육연수원, 서울시인재개발원, 경기도인재개발원 등 공무원 대상 보고서 교육, 삼성전자, 삼성SDS, LG전자, 포스코, SK, KT 등 신입사원 및 승진자 대상 보고서 교육을 하고 있다. 크레듀의 '윤코치의 보고서 작성법'과 삼성 세리프로에서 '기획 마스터'로 꾸준히 직장인들에게 인기를 끌고 있다. 2007년 한국경제신문 한경닷컴 칼럼니스트 신인상을 수상하였고, 2010년 콘텐츠 개발 능력을 인정받아 삼성경제연구소 SERI 우수지식인으로 선정되었다. 주요 저서로 《기획서 마스터》, 《보고서 마스터》, 《글쓰기 신공》, 《책 잘 쓰는 법》, 《30대, 당신의 로드맵을 그려라》(한국문학번역원 주관 '한국의 책' 선정, 중국어 번역 수출), 《채용트렌드 2026》 등이 있다.